성공적인 대학생활을 위한

학습전략 포트폴리오

조용개 · 손연아 · 이석열 · 이은화 · 이희원 · 장상필 · 전명남

학지사

본 학습 포트폴리오는

학과: ______________________

이름: ______________________

한 학기 동안 학습능력 향상을 위해 노력한 결과물입니다.

머리말

"공부 잘하는 방법은 없을까?"

학생이라면 누구나 한 번쯤 고민해 보았을 것입니다.

공부 잘하는 방법은 나에게 주어지는 것이 아니라 스스로 만들어 가면서 실천을 통해 내면화되는 과정을 거쳐야 비로소 자신만의 공부 노하우를 갖게 된다고 봅니다. 흔히들 공부에는 왕도가 없다고 합니다. 왕도가 없다는 것은 역설적으로는 방법이 없는 것이 아니라 수많은 방법이 있음을 의미합니다. 한 마디로 자신만의 독특한 학습 노하우가 바로 자신만의 공부를 위한 왕도라고 할 수 있습니다.

요즘 각 대학마다 신입생들의 기초학력 저하와 대학에서의 학습능력 부족을 크게 우려하고 있습니다. 여기에는 여러 가지 원인이 있을 수 있고 이에 따른 처방도 제시되어야 하겠지만, 무엇보다도 중요한 것은 학습자 자신이 뚜렷한 목표의식을 갖고 현재의 학습 스타일 또는 학습태도를 점검해 보는 것이 우선되어야 한다고 봅니다.

'공부를 잘한다는 것'은 원인도 결과도 아닌 '과정', 즉 현재진형행이라고 할 수 있습니다. '공부를 잘한다는 것'은 이미 공부 잘하는 능력을 타고났거나 저절로 공부 잘하는 능력이 발휘되는 것이 아니라 끊임없는 자기계발을 통하여 학습능력을 쌓아 가는 것입니다. 공부가 피할 수 없는 것이라면 '공부하는 것' 그 자체에 목적을 두고 오히려 당당히 맞서서 즐기는 것이 현명한 방법입니다. 물론 공부가 힘들고 지겹기도 하겠지만 어차피 해야 하는 것이라면 공부하는 것을 쉽고 즐겁게 받아들이자는 것입니다.

이 책은 스스로 공부하고자 하고, 스스로 공부하는 방법을 터득하고자 하는 학생들뿐만 아니라 특히 대학 신입생과 복학생, 편입생들에게 공부에 대한 자신감을 심어 주고자 집필되었습니다. 또한 대학 교육과정에서 정규 교과목(교양 또는 선택과목)으로 채택, 활용할 수 있도록 교재(『성공적인 대학생활을 위한 학습전략』)와 워크북(『성공적인 대학생활을 위한 학습전략 포트폴리오』)으로 구성되어 있으며, 강의용 PPT를 별도로 제공하고 있습니다.

아울러 이 책은 대학의 학사일정(한 학기 16주 기준)에 따라 교수자와 학습자가 모두 활용 가능하도록 총 16장으로 구성되어 있습니다. 학기 초에 학습 스타일을 점검하고, 자기관리를 위한 목표를 설정하며, 구체적인 학습 계획을 세우고, 최적의 학습환경을 만드는 데 초점을 두었으며(1~4장), 학기 중에는 스터디그룹 운영하기, 노트 필기 전략, 리포트 작성하기, 질문·발표·토의능력 기르기, 효율적인 시간관리, 학습동기 높이기, 스트레스 관리하기, 프레젠테이션 기법, 영어능력 향상하기, 시험관리전략 등에 관한 내용을 다루고 있으며(5~14장), 학기 말에는 나만의 학습방법을 개발하고 알찬 방학을 설계할 수 있게 하는 데 중점을 두었습니다(15~16장). 그리고 부록으로 자기주도적 학습을 위한 e-Learning 학습전략을 다루고 있습니다.

"구슬이 서 말이라도 꿰어야 보배"듯이 이제 남은 것은 내가 언제 무엇을 어떻게 할 것인가에 달려 있다고 할 수 있습니다. 지금이라도 나의 학습 스타일을 점검해 본 다음, 구체적인 목표를 세워서 곧바로 추진력을 발휘할 수 있는 엔진을 달아 봅시다. 그리고 자신만의 학습 노하우를 개발하기 위해 기름도 치고 벨트도 점검한 후 과감하게 시동을 걸어 봅시다. 두 개의 바퀴로 부족하면 네 개의 바퀴를 달아 힘껏 달려 봅시다. 운전대를 움켜잡고 앞으로 나아가는 것은 이제 바로 여러분 자신의 몫입니다.

2007년 8월

집필자 대표 조용개 씀

본서는 대학생들의 학습능력 향상을 위하여 각종 학습 관련 출판 서적 및 각 대학 교수학습센터(CTL)에서 개발된 학습 관련 자료와 Learning Tips 등을 일부 참조하여 집필하였습니다.

차 례

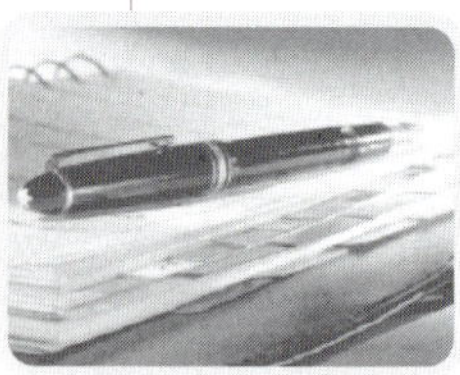

5 스터디그룹 운영하기 • 43

6 기억력 향상을 위한 노트 필기 전략 • 47

7 A+ 리포트 작성하기 • 55

8 질문 · 발표 · 토의능력 기르기 • 65

9 효율적인 시간관리 • 73

1 학습 스타일 점검하기

My Portfolio

나의 학습 스타일을 점검해 보자. 학습 스타일에 대한 이해는 내가 어떤 방식으로 학습하고 있는가를 분석하는 데서 출발한다.

나의 학습방식을 분석해서 학습 스타일을 파악하면 효과적으로 공부하는 방법과 전략을 구상할 수 있게 된다. 아울러 학습 스타일의 강점과 약점을 판단하면 강점은 더욱 강화하고 약점은 보완할 수 있다.

자, 그렇다면 나는 과연 어떤 방식으로 학습하고 있으며, 나에게 맞는 학습 스타일은 어떠한지 점검해 보도록 하자.

1. 학습 스타일 점검하기

학습 스타일에 대한 이해는 자신이 어떤 방식으로 학습하고 있는가를 분석하는 데서 출발한다. 나의 학습방식과 태도를 파악하면 효과적으로 공부하는 방법과 전략을 구상할 수 있게 된다. 자신의 학습 스타일의 강점과 약점을 파악하면 강점은 더욱 강화하고 약점은 보완할 수 있다.

아래 제시한 문항은 학습 스타일을 파악하기 위한 것이다. 각 문항의 정답과 오답은 존재하지 않는다. 자신의 경우와 일치하는 면이 있다면 ○ 표시를 하고, 자신의 경우와 맞지 않는다면 × 표시를 한다.

모든 문항들에 대해 각각 ○ 표시나 × 표시를 하고 난 후에 ○ 표시한 문항에 1점씩 부여한다. × 표시한 문항은 점수가 없다.

---

* 본 장의 내용은 서울대학교 교수학습개발센터. 『학습법 가이드』(2005)의 내용 중에서 발췌하여 재구성하였음.

1. 나는 내 행동이 어떤 결과를 초래할지 깊이 생각하지 않고 곧바로 실행하는 편이다. ☐
2. 나는 문제를 풀 때 단계별로 차근차근 푼다. ☐
3. 나는 철저하게 준비해서 해결할 만한 충분한 시간이 주어지는 과제를 좋아한다. ☐
4. 나는 새로운 경험을 좋아한다. ☐
5. 나는 새로운 아이디어나 방식을 접하면 그것을 어떻게 적용해 볼지 곧바로 생각한다. ☐
6. 나는 나에게 맡겨진 일을 철저하게 완수한다는 자부심을 가지고 있다. ☐
7. 나는 자료를 신중하게 해석해서 무작정 결론은 내리지 않도록 주의한다. ☐
8. 나는 어떤 일을 결정할 때 모든 대안들을 신중하게 검토한다. ☐
9. 나는 체계적인 것을 좋아하고, 어떤 사항을 분명한 패턴에 맞추어 생각하려고 한다. ☐
10. 나는 정해진 규정을 준수한다. ☐
11. 나는 산만하고 엉성한 토론을 싫어한다. ☐
12. 나는 기존의 것과 다른 새로운 것에 도전하기를 즐긴다. ☐
13. 나는 순간적으로 어떤 생각을 해 내지 못한다. ☐
14. 나는 가능하면 빨리 요점을 이야기하려고 한다. ☐
15. 나는 가능한 한 많은 자료를 얻으려고 노력하고, 자료가 많으면 많을수록 좋은 생각이 떠오르는 데 도움이 된다고 생각한다. ☐
16. 나는 토론을 할 때 내 의견을 내세우기에 앞서 다른 사람의 의견을 듣는 편이다. ☐
17. 나는 토론을 할 때 토론에 참여하는 사람들끼리 서로의 견해를 주고받는 장면을 보는 것을 좋아한다. ☐
18. 나는 어떤 상황을 미리 준비하기보다는 그 상황에 직면하여 대응하기를 선호한다. ☐
19. 나는 빡빡한 마감시간에 맞추기 위해 허겁지겁 작업하는 것을 좋아하지 않는다. ☐
20. 나는 다른 사람들의 생각을 실용성의 관점에서 판단하는 경향이 있다. ☐
21. 나는 완벽주의자다. ☐
22. 나는 토론을 할 때 나의 의견을 자발적으로 말한다. ☐
23. 나는 다른 사람의 논증에서 허술한 점을 발견하려고 한다. ☐
24. 나는 듣기보다는 말하기를 즐긴다. ☐
25. 나는 어떤 일을 수행하기에 앞서 우수하고 실용적인 방법을 생각해 낸다. ☐
26. 나는 보고서는 요점에 충실하고 간단명료해야 한다고 생각한다. ☐
27. 나는 핵심 주제에서 벗어나는 교수자를 좋아하지 않는다. ☐
28. 나는 보고서를 작성할 때 완성 전에 초안이나 개요를 여러 차례 써 본다. ☐

29. 나는 배운 것을 실제로 적용할 수 있는지 열심히 시험해 본다. □
30. 나는 논리적인 과정을 거쳐 해답에 도달하려고 노력한다. □
31. 나는 토론할 때 냉정하고 객관적인 편이다. □
32. 나는 토론할 때 소극적인 자세를 취한다. □
33. 나는 현재의 상황을 장기적인 안목으로 확대하여 해석할 수 있기를 원한다. □
34. 나는 어떤 일이 잘못되면 쉽게 회피하고자 한다. □
35. 나는 비현실적인 생각이나 충분히 검토되지 않은 갑작스러운 생각을 무시하는 경향이 있다. □
36. 나는 구체적인 목표나 제한적인 계획을 세우는 것이 너무 형식적이라고 생각한다. □
37. 나는 일상적이고 세부적인 일에 쉽게 싫증을 낸다. □
38. 나는 어떤 것의 토대가 되는 기본적인 전제나 원칙, 이론에 대해 탐구하는 것을 즐긴다. □
39. 나는 주관적이거나 모호한 주제들을 좋아하지 않는다. □
40. 나는 위기상황이 주는 흥분을 즐긴다. □

○ 표시된 문항을 아래의 점수표에 찾아 표시해 본 다음, 각 열의 총점(10점 만점)을 기록한다.

	학습 스타일 진단 점수표			
문항 번호	1 4 12 18 22 24 34 36 37 40	3 6 7 8 15 16 17 19 28 32	2 9 13 21 23 30 31 33 38 39	5 10 11 14 20 25 26 27 29 35
총점 (10점)				
학습자 유형	적극적인 학습자	숙고하는 학습자	논리적인 학습자	실용적인 학습자

위 열에서 가장 많은 총점을 얻은 것이 자신의 학습유형이라고 볼 수 있다. 물론 학습 스타일은 개인에 따라서 매우 다양하지만 일반적으로 학습자유형은 이처럼 크게 네 가지로 나눌 수 있다. 자신의 학습 스타일을 이해하고 이를 효과적으로 활용할 수 있는 방법을 생각해 보자. 효과적인 학습 결과를 얻기 위해서는 네 가지 유형의 강점을 고루 갖추는 것이 좋다. 점수를 많이 얻지 못한 부분이 있다면 그 이유를 생각해 보고, 각 유형의 장점을 습득할 수 있는 방안을 생각해 보자.

√ 적극적인 학습자

적극적인 학습자는 정보를 활발하게 이용하여 새로운 것을 적극적으로 시도하며, 정보를 기억하고 이해하려는 경향이 있다. 또한 열정적이고 부지런하며, 개방적인 성향이 강하다. 이들은 일상의 문제들에 대하여 브레인스토밍(brainstorming)을 즐기고 토론이나 제안을 하거나 자신의 생각을 다른 사람들에게 설명하는 것을 좋아하기 때문에 아무런 활동 없이 강의 내내 앉아서 필기만 하는 수업상황을 힘들어 한다.

- 강점: 열정적이고 유연하다. 새로운 것을 시도해 보려는 적극성이나 새로운 상황이나 변화에 쉽게 흔들리지 않는다.
- 약점: 충분한 생각과 준비 없이 행동하려는 경향이 강하다. 새로운 시도를 많이 한다 해도 그것을 세밀하게 적용하거나 장기간 수행하는 것에는 쉽게 싫증을 느낀다. 고착화된 일상적인 업무에는 집중력을 유지하기 어렵다. 다른 사람과 함께 있는 상황에서 함부로 행동하고 말하는 경향이 있다.

√ 숙고하는 학습자

숙고하는 학습자는 적극적인 학습자처럼 성급하게 행동으로 옮기기보다는 문제에 관하여 '우선 조용히 생각해 보자.'라고 반응하는 경향이 있다. 특히 이들은 그룹보다는 혼자 학습하는 것을 선호한다.

- 강점: 주의 깊고 사려 깊다. 방법론적이고 철저하며, 다른 사람들의 말을 잘 듣고 자료를 철저하게 수집한다. 어떤 하나의 결론에 도달하기 전에 그 문제를 여러 각도에서 조망하고 다양한 가능성을 찾아본다.

• 약점: 자신의 마음을 정리하고 어떤 일을 결정하는 데 지체하는 경향이 있다. 과도하게 조심스러워서 모험을 하지 않으려는 경향이 있기 때문에 단체활동에 직접적으로 참여하기를 꺼려한다. 자신의 의견을 내세우기에 앞서 토론하거나 남의 의견을 듣고 관찰하며, 상대적으로 소극적인 자세를 취하는 경향이 있다.

어떤 문제에 관해 심사숙고하지 않고 조급하게 행동하다 보면 문제가 생기는 경우가 발생한다. 반면에 너무 생각만 하면서 많은 시간을 보낸다면 어떤 것도 완성하지 못하는 결과를 초래하기도 한다. 그러므로 위의 두 가지 학습 스타일을 균형 있게 갖추는 것이 가장 바람직하다.

☑ 논리적인 학습자

논리적인 학습자는 정렬되고 합리적인 방식에 따라 차근차근 생각한다. 따라서 주제 전체를 이해하기 위하여 각각의 부분으로부터 일련의 단계를 거쳐 순차적으로 이해하는 경향을 보인다. 특히 분석하고 종합하는 것을 좋아하며, 명확한 이론이나 구조에 맞추어 생각하려고 한다. 이들은 어떤 현상의 원인을 파악하거나 사실을 일반적인 상황에 적용하고자 노력하기 때문에 해답을 찾을 때 한 걸음씩 국지적으로 경로를 따라 학습한다. 대부분의 대학수업은 연속적인 방법으로 진행되는데, 교수자가 주제나 단계를 뛰어넘는다면 이들은 강의를 따라가거나 기억하는 데 어려움을 느낀다.

• 강점: 합리적이고 방법론적이며, 규율에 맞추는 것을 좋아하고 객관적이다. 사물을 완전히 이해하기 위해 탐구적인 질문을 시도한다. 부분적인 정보로도 학습을 할 수 있고 분석에 강하다.
• 약점: 사물을 보는 새로운 관점을 찾아내는 데 능숙하지 못하다. 주관적인 판단이나 창의적인 생각을 꺼리는 경향이 있으며, 주관적이고 직관적인 시도에 대해서 가치를 부여하려 하지 않는다.

☑ 실용적인 학습자

실용적인 학습자는 실용적이고 현실적이다. 이들은 어떤 문제에 대한 해결방안을 찾고 결정하기를 좋아하며, 새로운 생각이나 이론, 기술이 실제로 효과를 발휘할 수 있는지 시험하는 일을 즐긴다. 일을 진척시키기를 좋아하며, 매력을 느끼는 아이디어를 재빨리 그리고 자신 있게 실행에 옮긴다. 장황한 생각이나 끝이 나지 않을 것 같은 토론은 싫어한다.

- 강점: 실용적이고 현실적이며, 사무적이고 시간을 낭비하지 않는다. 사물을 시험해 보기를 잘 하며, 어떤 일의 결론을 잘 도출해 낸다.
- 약점: 이론과 기본적인 원칙들에 충분히 주의를 기울이지 않고 실용성이 명확하지 않은 일은 기피하는 경향이 있다. 여러 가지 대안을 충분히 심사숙고하지 않고 어떤 문제에 대하여 처음 떠오른 해결방법에만 집착해서 실행하려는 경향이 있다.

2. 학습 스타일에 따른 특성

학습 스타일의 특성에 따라 감각적인 학습자 대 직관적인 학습자, 시각적인 학습자 대 언어적인 학습자, 감각적인 학습자 대 직관적인 학습자, 귀납적 학습자 대 연역적 학습자, 총체적인 학습자 등으로 구분할 수 있다. 각각의 학습 스타일에 따른 특성을 정리해 보면 다음과 같다.

☑ 감각적인 학습자

- 시각, 촉각, 청각 등 감각정보에 집중한다.
- 무슨 일이 일어났는지를 알고자 한다.
- 사실과 데이터를 원하며, 사실을 있는 그대로 배우려는 경향을 보인다.
- 표준 방식이나 정리된 방법으로 문제를 해결하려고 하며, 귀찮은 문제나 특이하거나 놀라운 것은 별로 즐기지 않는다.
- 추상적이고 이론적인 강의보다는 학습하고 있는 내용이 어떻게 현실세계와 연결되어 있는지를 알고자 한다.
- 세세한 내용을 기억하며, 실용적이고 섬세한 경향을 보여서 실습에도 매우 강

하다.

- 감각을 지나치게 강조하는 경우 기억하거나 익숙한 방법에 많이 의존하게 될 가능성이 높다.

☑ 직관적인 학습자

- 아이디어, 기억, 가능성 등 직관적 정보에 집중한다.
- 의미를 찾으려 한다.
- 이론과 모델을 원하고 문제의 가능성과 문제들 간의 관련성을 찾으려는 경향을 보인다.
- 일을 매우 빠르게 처리하고 혁신적인 경향을 보인다.
- 새로운 개념을 이해하며, 추상적인 것이나 수학적 형식을 다루는 수업을 선호한다.
- 암기 위주의 학습이나 기계적인 공식 대입이 포함된 원리 원칙대로 이루어지는 강의를 싫어한다.
- 직관을 지나치게 강조하는 경우 중요한 세부사항을 놓치거나 되풀이(완료된 해답을 검토하는)하는 것을 좋아하지 않으며, 계산이나 실습에서 부주의한 실수를 범하기 쉽다. 시험 답안을 작성하기 전에 질문 전체를 꼼꼼히 읽도록 하고 결과를 확실하게 검토하자.

☑ 시각적인 학습자

- 그림, 도표, 흐름도, 계획표, 필름, 실험을 활용하여 학습할 때 효과적이다.
- 요점을 목록으로 정리한 내용을 박스나 원으로 정리하거나 개념들 간의 연관성을 보여 주는 개념체계도 등을 활용하면 학습에 도움이 된다.

☑ 언어적인 학습자

- 자신의 표현으로 강좌자료를 요약하고 개요를 써 보거나 그룹 활동을 활용하면 효과적이다.
- 그룹 내 동료 학생의 설명을 들음으로써 자료를 이해할 수 있고 학습자 스스로

설명하는 경우에도 학습에 많은 도움이 된다.

✓ 귀납적 학습자

- 자료를 관찰한 후에 규칙과 원리를 도출한다.
- 학습동기가 필요하다.
- 귀납적인 방법을 통해 배운다.

✓ 연역적 학습자

- 규칙과 원리를 가지고 그 결과와 현상에 적용한다.
- 탐구열이 필요하다.
- 연역적인 방법을 통해 배운다.

✓ 총체적인 학습자

- 세부사항을 완전히 파악하기 전에 과제의 커다란 그림을 그려 보고자 한다.
- 큰 덩어리로 연결된 방식을 통하여 학습하며, 통합능력이 매우 뛰어나다.
- 연속적인 사고능력이 부족하기 때문에 커다란 그림이 그려질 때까지는 학습에 심각한 어려움을 느낀다.
- 일단 큰 그림을 파악하면 복잡한 문제를 빨리 풀고 색다른 방법으로도 조합할 수 있는 능력이 있다.
- 수업내용의 전체를 개관할 수 있도록 수업 전에 미리 전체 내용을 대강 훑어 두면 효과적인 학습을 수행할 수 있다.
- 처음에는 굼뜨고 빨리 이해하지 못하는 경우 학습을 포기하기도 한다.

2 자기관리를 위한 목표 설정하기

My Portfolio

나의 10년 후, 20년 후의 모습을 그려 보자. 그리고 머릿속에 그려 본 '나의 모습'을 현실로 만들기 위한 첫걸음을 내딛어 보자.

미래의 꿈과 희망을 이루기 위해서는 역량이 필요하다. 그 역량을 갖추기 위해서 어떤 노력을 해야 하며, 어떤 목표를 세워야 할 것인지를 생각해 보자.

이러한 과정은 막연히 생각하면서 기대를 갖는 것보다 훨씬 강력한 엔진이 될 것이다.

나의 꿈, 나의 모습

일본인들이 많이 기르는 관상어 중에 '코이'라는 잉어가 있다. 이 잉어를 작은 어항에 넣어두면 5~8cm밖에 자라지 않는다. 그러나 아주 커다란 수족관이나 연못에 넣어두면 15~25cm까지 자란다. 그리고 강물에 방류하면 90~120cm까지도 성장한다.

꿈은 코이라는 물고기가 처한 환경과도 같다. 더 큰 꿈을 꾸면 더 크게 이룰 수 있다. 꿈의 크기는 제한받지 않는다.

성공하는 삶은 항상 커다란 꿈과 함께 시작된다. 빈털터리라 해도 주머니가 꿈으로 가득 차 있기만 하다면 그 누구보다 많은 재산을 가진 셈이다. 꿈이라는 밑천은 바닥을 드러내는 일이 없으며, 계속 도전하도록 열정을 분출하는 무한의 에너지이기 때문이다.

-카네기 명언집 중에서-

* 본 장은 김송은 에듀플렉스 교육개발연구소의 승낙을 받아 『공부 잘하고 싶으면 혼자서 공부해라-학습 매니지먼트 실전편-』(한스미디어, 2006)에서 내용을 발췌하여 대학생의 학습전략 포트폴리오 작성용으로 재구성하였음.

1. 어떤 꿈을 실현시키고 싶은가?

0세	10세	20세	30세	40세	50세	60세	70세	80세	90세	100세

출생

어릴 적 나의 꿈

지금 나의 꿈

10년 후 나의 모습

20년 후 나의 모습 · · ·

☑ 나의 꿈, 미래의 나의 모습을 적어 보자.

2. 나의 장단점 찾아보기

누구나 장단점을 가지고 있기 마련이다. 자기 자신에 대해 잘 알고 있다는 것은 목표를 설정할 때 매우 중요한 부분이다. 내가 가진 장점을 얼마나 잘 발휘하느냐에 따라 단점이 작게 보이기도 한다. 그리고 지금 나의 장점과 단점은 시간이 지남에 따라 또는 환경에 따라 변하기도 한다.

자신을 가장 잘 아는 사람은 자기 자신이지만 막상 장단점을 쓰려고 하면 잘 생각나지 않을 수도 있다. 편안한 마음으로 내가 적고 싶은 순서대로 생각나는 것부터 자유롭게 적어 보자.

나의 장점	나의 가장 큰 장점 (스스로 만족하는 점, 잘하는 것)	나의 단점
내가 잘하는 것, 주변에서 칭찬하는 것 중 나도 인정할 만한 것, 내가 정말 좋아하는 나의 모습		나의 부족한 점, 주변에서 이것만 고쳤으면 하는 점, 내가 생각해도 이 점만은 보완하면 좋겠다고 생각하는 점

3. 나의 목표 설정하기

☑ 장기 목표 설정하기

⇨ 대(大)목표에 해당되며, 자신의 장래 목표, 졸업 후 목표, 1년 목표 혹은 한 학기 목표 등이 여기에 속한다.

☑ 단기 목표 설정하기

1.
2.
3.

⇨ 소(小)목표에 해당되며, 연, 월, 주 단위로 세울 수 있으며, 실천 가능한 구체적인 목표 등이 여기에 속한다. (단기 목표는 실천 가능한 목표를 여러 개 세울 수도 있다.)

4. 도전적인 목표 블록 완성하기

목표는 도전적이어야 한다. 도전적이라는 것은 현재 상태와 목표 사이의 괴리가 커서 성취하기 힘들다는 뜻이다. 도전적인 목표가 있어야만 현재 상태를 벗어나기 위한 성취동기가 생긴다. 만약 괴리가 너무 작다면 오히려 목표로서의 가치가 떨어진다고도 말할 수 있다.

이제 현재 상태와 목표 사이의 괴리를 하나씩 메워 나가 보자. 기간에 따라 현재 상태에서 어느 정도 발전해야 목표를 성취할 수 있는지를 기록해 보자. 만약 내가 대학교 1학년을 마쳤다면 2학년 1학기부터 하나하나씩 채워 나가 보자.

이런 과정들을 마치고 나면 다음과 같은 목표 블록을 완성하게 된다. 목표 블록의 세로는 시간을, 가로는 목표들을 나타낸다. 목표 블록을 모두 채웠다면 한 학기 자신의 성취목표를 확인할 수 있을 것이다.

목표 블록은 목표를 달성하기 위해 중간중간의 과정들이 얼마나 중요한지를 나타내 준다. 만약 하나의 블록이 어긋난다면 전체 목표 블록은 쓰러지고 만다. 목표 블록은 하나라도 잘못되면 전체적인 틀이 깨질 수 있다. 목표는 과정들의 합이라고 할 수 있다.

목표 블록 완성하기

나의 꿈				
필요한 역량				
중간 목표	1.			
	2.			
	3.			
필요요건	전공	부전공/복수전공	어학	기타
	%	%	%	%
4학년 2학기	%	%	%	%
4학년 1학기	%	%	%	%
3학년 2학기	%	%	%	%
3학년 1학기	%	%	%	%
2학년 2학기	%	%	%	%
2학년 1학기	%	%	%	%
1학년 2학기	%	%	%	%
1학년 1학기	%	%	%	%
현재	%	%	%	%
구체적인 실천계획				

☑ 성취도 그래프 만들기

목표 블록을 완성했다면 목표 블록의 맨 아래쪽에 목표 달성을 위한 구체적인 실천계획을 세워야 한다. 과목별로 자신의 성취도 수준을 비교하여 전략과목(평균 백분위보다 과목별 백분위가 5% 이상 높은 과목), 평균과목(평균 백분위와 과목별 백분위가 ± 5%인 과목), 취약과목(평균 백분위보다 과목별 백분위가 5% 이상 낮은 과목)으로 구분하여 막대그래프 형식으로 과목별 백분위로 비교해 본다.

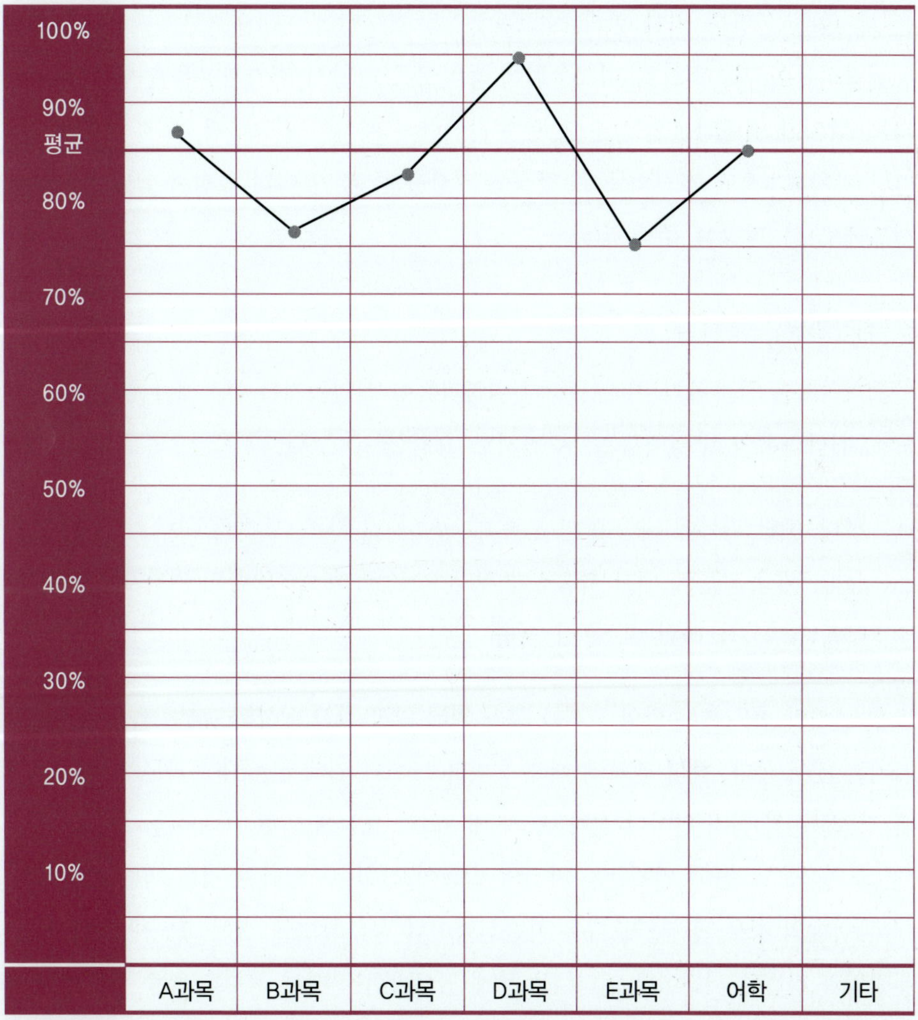

√ 평가하기

대략적으로 자신의 현재 성적을 토대로 성취도 그래프로 그려 보면 자신이 잘하는 과목과 못하는 과목을 명확히 알 수 있다. 이 중 차후 학습계획을 세우는 데 가장 큰 영향을 미치는 것은 전략과목과 취약과목이다.

평균과목의 경우, 난이도에 따라 백분위 변화율이 작지만 전략과목과 취약과목의 경우에는 난이도에 따라 백분위의 변화가 상대적으로 심한 편이다. 따라서 실제 목표를 성취하는 데 이 두 부류의 과목이 가장 큰 영향을 미치므로 학습계획을 수립하는 데 많은 신경을 써야 한다.

전략과목이 지속적으로 비교우위에 놓이도록 하면서 취약과목을 견인하여 평균과목, 나아가 전략과목화할 수 있는 학습전략과 계획이 필요하다. 특히 취약과목을 그냥 방치해놓으면 자신의 목표 달성에 지장을 줄 뿐만 아니라 심지어 다른 과목의 성적에도 큰 지장을 주게 된다.

√ 취약과목 극복하기

취약과목을 극복하기 위해서는 왜 취약과목이 되었는지를 분석해야 한다. 일반적으로 취약과목의 발생배경은 두 가지로 요약할 수 있다.

- 첫째, 해당 과목에 대한 흥미 부족 ⇨ 공부시간 부족 ⇨ 성적 하락 ⇨ 흥미 저하
- 둘째, 해당 과목에 대한 학습전략 부재 ⇨ 성적 하락 ⇨ 흥미 저하 ⇨ 공부시간 부족 ⇨ 성적 하락 ⇨ 흥미 저하

첫 번째의 경우, 악순환의 고리를 끊기 위해 일정 시간 이상의 공부량을 규칙적으로 가지는 것이 좋다. 해당 과목에 대해 흥미를 느끼기 위해서는 해당 과목이 어떤 내용을 전달하는지 먼저 알아야 한다. 단지 내 · 외적 요인에 의해 그 과목을 소홀히 한다면 그 과목으로 인해 언제든지 자신의 발목이 잡힐 수 있다는 것을 명심해야 한다.

두 번째의 경우, 공부량보다는 학습전략이나 공부방법에 대해 고민해야 한다. 공부방법과 관련된 서적이나 인터넷을 통해 공부방법에 대한 정보를 얻을 수도 있지만 가장 좋은 방법은 그 과목을 제일 잘하는 친구의 공부방법을 벤치마킹하는 것이다. 단, 벤치마킹은 하되 차후에 반드시 자신의 공부방법으로 만들어야 한다.

3 나만의 학습계획 세우기

My Portfolio

누구나 공부와 관련된 학습계획을 세워 보았을 것이다. 계획표를 작성할 때는 부푼 꿈에 사로잡혀 '이제 열심히 공부해야지.'라고 결심하였을 것이다. 하지만 그것이 뜻대로 되지 않았을 때 갈등과 실망도 느꼈을 것이다.

공부를 효율적으로 하는 데 도움이 되는 방법 중의 하나는 시간을 얼마나 잘 활용하느냐 하는 것이다. 이에 따라 학업의 성패가 결정되며, 시간의 효율적 사용이 학업성적을 좌우한다.

학습계획을 잘 세워 실천한다는 것은 하나의 능력(skill)에 속한다. 어떤 면에서는 학습계획을 작성하는 것이 쉬운 것처럼 보이지만 사실 학습계획을 세워서 실천하는 것은 그리 쉬운 것만은 아니다.

그러면, 구체적이고 능률적인 학습계획을 세워 보도록 하자.

1. 학습전략 스케치하기

학습전략은 크게 세 가지로 구분된다. 첫째는 학습 포트폴리오이고, 둘째는 공부방법, 셋째는 이를 시기별로 어떻게 적용할 것인가에 대한 시기별 학습전략이다.

학습 포트폴리오란 어떤 부분을 어떤 교재와 강의로 공부해야 하느냐 하는 것이다. 교재나 강의 시작은 교재와 수업 그리고 노트 필기다. 만약 이것들로 부족한 부분이 있다면 참고문헌이나 자료가 포함될 수 있다.

공부방법은 말 그대로 공부를 어떻게 하느냐 하는 것이다. 공부에 투자하는 시간은 많은데 실제 성적이 잘 나오지 않는다면 대개 공부방법이 잘못된 경우가 많다.

* 본 장은 김송은 에듀플렉스 교육개발연구소의 승낙을 받아 『공부 잘하고 싶으면 혼자서 공부해라-학습 매니지먼트 실전편-』(한스미디어, 2006)에서 내용을 발췌하여 대학생의 학습전략 포트폴리오 작성용으로 재구성하였음.

따라서 공부방법을 변화시키려면 지금까지 해 온 자신의 잘못된 공부방법을 과감히 버리고 다른 방법을 사용하는 것이 필요하다.

시기별 학습전략은 각 시기별로 포트폴리오와 공부방법을 어떻게 적용할 것인가 하는 것이다. 6개월 정도의 시간을 두고 월별 또는 적절한 기간으로 시기를 나누고 공부방법이나 교재들을 어떻게 적용할 것인지에 대한 큰 그림을 그려야 한다. 시기별로 잘 짜여진 학습전략은 큰 시각으로 그 과목에 접근할 수 있도록 해 준다.

자, 그렇다면 과목별 포트폴리오 및 시기별 학습전략을 기록하는 학습전략 스케치를 만들어 보자. 거시적인 관점에서 정리해둔 학습전략 스케치는 각 과목별 계획 및 실행의 지침이 된다. 각 과목별 학습전략 스케치는 과목별 공부방법을 익힌 후에 작성해 보도록 하자.

예시 시기별 학습전략 스케치하기

2008학년도 1학기

구분	과목	현재	목표	포트폴리오	시기별 학습전략			
					3월	4월	5월	6월
					중간고사 준비	중간고사	기말고사 준비	기말고사
교양	문학	50%	95%	교재 수업 노트 필기 참고 문헌 및 자료	• 교재 예/복습 • 수업에 충실하기 • 노트 필기 철저 • 중간고사 3주 전부터 대비하기 • 참고문헌 활용하기	• 시험 목표: A 이상 • 노트 정리 및 요약 • 예상 시험 문제 공부 • 시험 출제 문제 Feedback	• 교재 예/복습 • 수업에 충실하기 • 노트 필기 철저 • 기말고사 4주 전부터 대비하기 • 참고문헌 활용하기	• 시험 목표: A0 이상 • 예상 시험 문제 공부 • 시험 출제 문제 Feedback
				공부방법	• 미리 예습하기 • 수업 전후 10분씩 공부하기 • 교과서 복습 후 참고자료 보기 • 기한 내 리포트 제출하기 • 오답노트 작성하기 • 스터디그룹 활용하기			

☑ 시기별로 학습전략을 스케치해 보자.

<table>
<tr><td>실행</td><td colspan="8">시기별 학습전략 스케치하기</td></tr>
<tr><td colspan="9">2008학년도 1학기</td></tr>
<tr><td rowspan="3">구분</td><td rowspan="3">과목</td><td rowspan="3">현재</td><td rowspan="3">목표</td><td rowspan="3">포트폴리오</td><td colspan="4">시기별 학습전략</td></tr>
<tr><td>3월</td><td>4월</td><td>5월</td><td>6월</td></tr>
<tr><td>중간고사 준비</td><td>중간고사</td><td>기말고사 준비</td><td>기말고사</td></tr>
<tr><td rowspan="5"></td><td rowspan="5"></td><td rowspan="5">%</td><td rowspan="5">%</td><td>교재</td><td rowspan="4"></td><td rowspan="4"></td><td rowspan="4"></td><td rowspan="4"></td></tr>
<tr><td>수업</td></tr>
<tr><td>노트 필기</td></tr>
<tr><td>참고 문헌 및 자료</td></tr>
<tr><td>공부방법</td><td colspan="4"></td></tr>
</table>

2. 텀 스케줄 세우기

이제 2개월 단위로 텀 스케줄을 세워 보자. '텀 스케줄(term schedule)'이란 일정한 단위시간 동안 구체적인 학습계획을 세우는 것을 말한다. 텀 스케줄에는 과제와 분량 학습의 실행시기가 한눈에 시각적으로 명료하게 담겨진다.

앞서 세운 시기별 학습전략 스케치에 따라 과목별 포트폴리오에 나오는 교재와 공부할 분량을 넣고 주 단위로 나누어 계획을 세워 보자.

학기 중인 경우라면 공부할 분량이 시험범위라고 생각해도 좋다. 공부할 내용을 배치할 때는 수업진도와 시험기간 그리고 취약과목이나 전략과목 같은 요인들을 고려하여 주별로 공부해야 할 분량을 세우도록 한다.

시험계획의 경우, 주별 텀 스케줄을 사용해도 무방하지만 개인에 따라 시험에 대비하기 위해 준비기간 전체를 주간계획 없이 하루 단위까지 한꺼번에 세울 수도 있다.

예시 텀 스케줄 세우기

2008학년도 1학기

과목	교재	분량	3월				4월			
			1주	2주	3주	4주	5주	6주	7주	8주
A	교재	142~208	142~154	155~167	168~180	181~193	194~208	142~176	177~208	전 범위
	수업노트	수업내용	해당	해당	해당	해당	해당	해당		전 범위
	참고문헌	164~242	164~184	185~208	209~229	230~242	209~229	230~242		전 범위
	보충자료	①~④			120~132	133~142	133~142	133~162		전 범위
B	교재	122~178	122~140	141~160	161~178	122~150	152~178	122~160	161~178	전 범위
	수업노트	수업내용	해당	해당	해당	해당	해당	해당	해당	전 범위
	참고문헌	144~200	144~154	155~167	168~185	186~200	144~167	168~200		전 범위
	보충자료	①~③			84~100	100~124	전 범위			전 범위
C	교재	86~132	86~100	101~115	116~132	86~110	111~132		전 범위	전 범위
	수업노트	수업내용	해당	해당	해당	해당	해당			전 범위
	참고문헌	124~189			124~154	155~189	전 범위			전 범위
	보충자료	①~③			74~88	89~99	99~109	전 범위		전 범위
D	교재	108~165	108~124	125~142	143~150	150~165	108~142	143~165	전 범위	전 범위
	수업노트	수업내용					해당	해당	해당	전 범위
E	교재	86~128	86~98	98~110	110~128	86~106	107~128		전 범위	전 범위
	수업노트	수업내용	해당	해당	해당	해당	해당			전 범위
	보충자료	①~②			124~161	162~189	전체			전 범위
비고										

☑ 텀 스케줄을 세워 보자

실행 텀 스케줄 세우기

2008학년도 1학기

과목	교재	분량	3월				4월			
			1주	2주	3주	4주	5주	6주	7주	8주
비고										

3. 주간계획 세우기

일반적으로 모든 계획의 중심은 주간계획이다. 일주일 동안 어떤 일을 해낼지 계획하고 실행하는 데에 사람들은 익숙해져 있다. 주말과 휴일을 이용해 미달성된 계획을 마무리하고 다음 주의 계획을 세울 수 있다는 점은 주간계획이 계획의 중심이 될 수 있는 가장 큰 이유라고 할 수 있다.

텀 스케줄을 잘 세웠다면 텀 스케줄의 한 주간을 분리하는 것 자체로 한 주의 계획을 세울 수 있다. 주간계획에는 한 주 동안 해야 할 공부와 이를 한 주 중 언제 시행할지를 기록한다. 그리고 과제 하나하나의 성취도를 표시함으로써 주간 학습목표를 어느 정도 성취했는지 알 수 있다.

한편, 주간 Study Grade는 한 주를 어떻게 보냈는지에 대한 바로미터라고 할 수 있다. 주간계획에서 다룰 일일계획을 Study Grade로 옮겨 표시하면 한 주간의 학습 만족도를 알 수 있다.

계획표에 성취도와 만족도를 표시하는 것은 매우 중요하다. 단순히 한 주간의 계획을 어느 정도 성취했는지를 표시해 보는 데서 더 나아가, 만족도와 비교해서 더 완벽한 계획을 세우는 데 의의가 있다. 즉, 성취도는 높지만 만족도가 낮다면 계획을 무리하게 세웠다는 것을 의미한다. 따라서 항상 성취도와 만족도를 서로 비교해서 다음 계획을 세울 때는 좀 더 체계적이고 효율적으로 세우도록 한다.

예시 주간계획 세우기

월 일(월) ~ 월 일(일)

과목	이번 주 해야 할 공부	예상 시행일							성취도
		월	화	수	목	금	토	일	
		3	4	5	6	7	8	9	
문학	교재 pp.142－154								◑
	수업노트								◕
	참고 및 보충자료 ①~②								◔
물리학	교재 pp.131－144								◕
	수업노트								●
	참고 및 보충자료 ①								◔
비고									

주간 Study Grade

Grade	월	화	수	목	금	토	일	만족도
A								B+
B								
C								
D								
E								
비고								

☑ 주간계획을 세워 보자

실행	주간계획 세우기								
월 일(월) ~ 월 일(일)									
과목	이번 주 해야 할 공부	예상 시행일							성취도
		월	화	수	목	금	토	일	
		3	4	5	6	7	8	9	
									⊕
									⊕
									⊕
									⊕
									⊕
									⊕
비고									

주간 Study Grade								
Grade	월	화	수	목	금	토	일	만족도
A								
B								
C								
D								
E								
비고								

4. 일일계획 세우기

주간계획이 완성되면 이제 하루를 어떻게 보내야 하는지를 결정해 주는 일일계획을 작성해야 한다. 일일계획은 주간계획 중에서 해당 날짜에 해야 할 공부 분량을 옮겨 적으면 된다.

일상적이거나 고정적인 스케줄은 시간표의 계획란에 기입하고, 오늘 해야 할 공부의 우선순위와 분량을 고려하여 일일계획을 세운다. 가능하면 일일계획은 전날 저녁에 세우고, 오늘 일과를 마친 후에 학습성취도와 실행 정도를 비교하여 얼마나 실천했는지를 Self-Management란에 '목표달성률'과 'Study Grade'로 기록한다. 그런 다음 종합적으로 평가해 보고, '되돌아보기'를 통해 스스로 피드백 과정을 거친다.

일일계획을 세우다 보면 하루에 할 일들이 무척 많다는 것을 알게 된다. 계획을 세우지 않고 대충 하루를 보낼 수도 있겠지만 하루하루에 충실하지 못하면 더 큰 계획이나 목표를 세울 수 없다.

계획은 먼 곳에서 가까운 곳으로 세우는 것이지만, 실행은 가까운 것에서 먼 곳으로 이루어져야 한다.

예시 일일계획 세우기

우선순위	오늘 해야 할 공부	성취도
1	A 과목 공부 pp.12-36	⊕
2	A 과목 노트 정리	⊕
3	B 과목 공부 pp.45-53	⊕
4	TOEIC 1장	⊕
5	C 과목 리포트 작성	⊕
6	D 과목 복습	⊕
7	E 과목 예습	⊕
8		⊕
9		⊕
10		⊕

Self-Management	
목표달성률	Study Grade
90%	Ⓐ · B · C · D · F

되돌아보기

✔ 생각보다 공부가 잘 된 하루였다.
✔ 1교시 수업 지각 빼곤 완벽!!
✔ 과제를 생각보다 일찍 끝냄
✔ 계획 조정 필요

AM	계획	실행
	취침	
6	기상	
7	준비	
8	등교	
9	수업1	○
10	수업2	○
11	공부1	△
12	점심	

PM	계획	실행
1	휴식	
2	수업3	○
3	수업4	○
4	공부2	○
5	동아리	×
6	저녁	
7	도서관	○
8	컴퓨터실	△
9	하교	
10	과제1	○
11	과제2	△
12	취침	

☑ 일일계획을 세워 보자

실행 일일계획 세우기

우선순위	오늘 해야 할 공부	성취도
		⊕
		⊕
		⊕
		⊕
		⊕
		⊕
		⊕
		⊕
		⊕
		⊕

Self-Management	
목표달성률	Study Grade
%	A · B · C · D · F

되돌아보기

- ✔
- ✔
- ✔
- ✔

AM	계획	실행
	취침	
6	기상	
7	준비	
8	등교	
9		
10		
11		
12	점심	

PM	계획	실행
1	휴식	
2		
3		
4		
5		
6	저녁	
7		
8		
9	하교	
10		
11		
12	취침	

4 최적의 학습환경 만들기

My Portfolio

사람은 환경의 영향을 받는다. 한 연구결과에 따르면, 학업성취도가 높은 학생이 낮은 학생보다 학습환경을 구조화(시간계획, 교재 및 과제준비, 공부할 장소 지정 등)하는 데 관심이 많고 실질적으로 그 능력도 뛰어난 것으로 밝혀졌다.

이는 공부 잘하는 학생들이 공부가 더 잘 되도록 하기 위한 물리적 환경 배열에 더 많은 노력을 기울인다는 뜻이다. 결국 공부가 잘 되도록 하는 환경적 요인이 공부에 대한 욕구나 목표 못지않게 중요한 요소임을 시사해 준다.

따라서 최적의 학습환경에서 공부한 학생들은 그렇지 않은 학생들에 비하여 같은 노력과 시간을 투자하고도 훨씬 좋은 결과를 얻을 수 있다.

자, 이제 마음을 안정시키고 학습에 집중할 수 있는 최적의 환경을 찾아서 나만의 학습환경을 만들어 보자.

* 본 장은 김송은 에듀플렉스 교육개발연구소의 승낙을 받아 『공부 잘하고 싶으면 혼자서 공부해라－학습 매니지먼트 실전편－』(한스미디어, 2006)에서 내용을 발췌하여 대학생의 학습전략 포트폴리오 작성용으로 재구성하였음.

1. 최적의 학습환경 찾아보기

예시 최적의 학습환경 찾기

학습환경과 관련하여 최적의 장소를 찾아본다.

(좋다-3점, 보통-2점, 별로-1점, 전혀-0점)

문항	공부장소 (주로 공부하는 장소를 적어 본다)		
	집	도서관	기타
1. 전화기, 컴퓨터, TV와 같은 공부를 방해하는 물건들이 거의 없다.	1	3	
2. 내가 공부할 때 다른 사람들이 방해하는 일이 거의 없다.	2	3	
3. 매우 조용하며 전화소리, 음악소리, 말소리가 거의 들리지 않는다.	2	2	
4. 쉴 때와 공부할 때를 마음대로 조절할 수 있다.	2	3	
5. 이번 주에도 여기서 규칙적으로 공부했다.	1	2	
6. 이곳에서 공부할 때 잠깐만 쉬고 공부를 계속한다.	1	2	
7. 이곳에서 공부할 때 다른 사람들과 이야기하지 않는다.	1	3	
8. 이곳의 실내온도는 공부하기에 적절하다.	3	2	
9. 이곳의 의자는 공부하는 데 편안하다.	3	2	
10. 이곳의 책상은 공부하는 데 편안하다.	2	2	
11. 이곳의 조명은 공부하기에 적당하다.	3	3	
12. 이곳에는 공부나 과제와 관련 없는 물건들이 거의 없다.	0	3	
합계	21	30	

① 가장 높은 점수를 받은 장소는 어디인가? 도서관

② 가장 높은 점수를 받은 곳의 장점은?

공부를 방해하는 요인들(TV, 컴퓨터, 소음 등)이 적은 편이다. 조용하다. 언제나 원할 때 공부할 수 있다.

③ 가장 공부하기가 좋은 곳의 단점은 무엇이며, 어떻게 고칠 수 있을까?

단점	가끔 집에 있다 보면 도서관에 가는 것 자체가 싫은 날이 있다.
개선방법	집에 편하게 있다 보면 TV도 보고 싶고 해이해지는 것 같다. ⇨ 학교에서 곧바로 도서관으로 가거나, 집에 들렀다 가더라도 밥 먹고 옷 갈아입은 즉시 곧바로 도서관 가기!

실행 최적의 학습환경 찾기

학습환경과 관련하여 최적의 장소를 찾아본다.

(좋다-3점, 보통-2점, 별로-1점, 전혀-0점)

문항	공부장소 (주로 공부하는 장소를 적어 본다)		
	집	도서관	기타
1. 전화기, 컴퓨터, TV와 같은 공부를 방해하는 물건들이 거의 없다.			
2. 내가 공부할 때 다른 사람들이 방해하는 일이 거의 없다.			
3. 매우 조용하며 전화소리, 음악소리, 말소리가 거의 들리지 않는다.			
4. 쉴 때와 공부할 때를 마음대로 조절할 수 있다.			
5. 이번 주에도 여기서 규칙적으로 공부했다.			
6. 이곳에서 공부할 때 잠깐만 쉬고 공부를 계속한다.			
7. 이곳에서 공부할 때 다른 사람들과 이야기하지 않는다.			
8. 이곳의 실내온도는 공부하기에 적절하다.			
9. 이곳의 의자는 공부하는 데 편안하다.			
10. 이곳의 책상은 공부하는 데 편안하다.			
11. 이곳의 조명은 공부하기에 적당하다.			
12. 이곳에는 공부나 과제와 관련 없는 물건들이 거의 없다.			
합계			

① 가장 높은 점수를 받은 장소는 어디인가? (   )

② 가장 높은 점수를 받은 곳의 장점은?

(   )

③ 가장 공부하기가 좋은 곳의 단점은 무엇이며, 어떻게 고칠 수 있을까?

단점	
개선방법	

2. 내가 좋아하는 학습환경 만들기

예시 내가 만드는 나의 학습환경

▪ 내가 지속적으로 공부하는 데 어려움을 겪는 이유를 생각해 보자. 그리고 어떻게 하면 이를 극복하고 열심히 할 수 있을지 생각해 보자.

지속적으로 공부하는 것이 어려운 이유		내가 생각하는 개선방법
• 무의식적으로 TV를 켜고 아무 생각 없이 본다. • 휴대폰이나 컴퓨터 메신저를 켜놓고 공부한다. • 잠이 부족해서 공부하다가 자주 졸음이 온다. • 공부를 하다가도 딴짓을 잘 한다.	⇨	• 꼭 봐야 하는 프로그램을 골라서 보도록 한다. • 휴대폰을 꺼두거나 시간을 정해놓고 컴퓨터 메신저를 주고받는다. • 컴퓨터 게임을 하느라 늦게까지 자지 않는다. • 책상이나 책꽂이를 정리해서 공부에 불필요한 것들을 없앤다.

⇨ 나의 공부 훼방꾼 BEST 3 : ① TV
② 컴퓨터
③ 휴대폰

▪ 가장 좋은 학습환경을 위한 나와의 약속!!

좋은 학습환경을 위한 나와의 약속 3가지
이것만은 반드시 지킨다!!

하나. TV는 평일에는 1시간, 주말에는 3시간 이내로 시청하기

둘. 책상 위에 공부와 관련된 것만 두고 항상 깨끗하게 정리하기

셋. 게임을 해서 내가 얻는 것은 공부할 시간 손실, 시력 저하, 집중력 감퇴!

실행 내가 만드는 나의 학습환경

■ 내가 지속적으로 공부하는 데 어려움을 겪는 이유를 생각해 보자. 그리고 어떻게 하면 이를 극복하고 열심히 할 수 있을지 생각해 보자.

지속적으로 공부하는 것이 어려운 이유		내가 생각하는 개선방법
	⇨	

⇨ 나의 공부 훼방꾼 BEST 3 : ①
②
③

■ 가장 좋은 학습환경을 위한 나와의 약속!!

좋은 학습환경을 위한 나와의 약속 3가지
이것만은 반드시 지킨다!!

하나.

둘.

셋.

5 스터디그룹 운영하기

My Portfolio

스터디그룹과 관련된 조사결과에 따르면, 학생들이 개별적으로 공부하는 것과 더불어 그룹 공부를 보완한 학생들의 경우에 성적이 더 많이 향상되었다고 되었다고 한다. 스터디그룹 학습은 공부에 대한 의욕이 떨어질 때도 공부하는 것을 더 즐겁게 만들어 주어 학습동기를 다시 불러일으키는 자극제가 되곤 한다. 또한 스터디그룹 활동에 참여하여 팀워크를 수행한 경험은 대학을 졸업한 이후 성공적인 직장생활을 위한 소중한 준비가 될 수 있다.

그러면, 스터디그룹 운영의 구체적인 전략에 대해 학습해 보자.

1. 스터디그룹 운영을 위한 시뮬레이션

각 학문 영역에 따라 학습내용의 본질적 특성 및 구조가 다르기 때문에 스터디그룹은 매우 다양한 형태로 운영될 수 있다. 예를 들면, 수학이나 과학과목에서는 학생들과 함께 지난 시험문제들을 비롯한 다양한 예제들을 풀어 보는 문제풀이 모임 형태를 띠기도 하고, 또 다른 과목의 경우 강의시간에 새로이 소개된 개념들에 대해 깊이 있게 토의해 보는 기회를 갖기도 한다. 혹은 강의시간에 부여된 과제를 동료들과 함께 해결하기 위한 스터디그룹을 운영할 수도 있다. 교과목별, 스터디그룹 운영의 목적별로 다양한 방법으로 스터디그룹을 운영할 수 있는데, 이에 대한 실제적인 방법을 시뮬레이션을 통해 찾아보자.

<table>
<tr><th colspan="6">스터디그룹 운영을 위한 시뮬레이션(예)</th></tr>
<tr><td colspan="2">관련 교과목명</td><td colspan="4">•</td></tr>
<tr><td colspan="2">스터디그룹 목적</td><td colspan="4">•</td></tr>
<tr><td colspan="2" rowspan="2">모임일시 및 장소</td><td colspan="4">• 언제:</td></tr>
<tr><td colspan="4">• 어디서:</td></tr>
<tr><td>단계</td><td>내용</td><td colspan="4">실제 적용방안 탐색</td></tr>
<tr><td rowspan="4">그룹 구성</td><td rowspan="2">적절한 인원 구성 (2~5명)</td><td>이름</td><td>장점</td><td>단점</td><td>모임에 대한 기대사항</td></tr>
<tr><td>미진</td><td>•</td><td>•</td><td>•</td></tr>
<tr><td rowspan="2">그룹 참여자 특성 파악 (장단점/기대사항)</td><td>동수</td><td>•</td><td>•</td><td>•</td></tr>
<tr><td>은미</td><td>•</td><td>•</td><td>•</td></tr>
<tr><td rowspan="7">운영 논의</td><td rowspan="2">목표 및 산출 결과물 논의 (학습목표/결과물)</td><td colspan="4">학습목표:</td></tr>
<tr><td colspan="4">기대되는 결과물:</td></tr>
<tr><td rowspan="4">역할 결정 (팀리더/서기/총무)</td><td>이름</td><td>역할</td><td colspan="2">책임사항</td></tr>
<tr><td>미진</td><td>팀리더</td><td colspan="2">모임 진행, 평가자</td></tr>
<tr><td>동수</td><td>서기</td><td colspan="2">자료정리, 진행시간 점검, 평가자</td></tr>
<tr><td>은미</td><td>총무</td><td colspan="2">연락, 장소 및 시간확정, 평가자</td></tr>
<tr><td>그룹 운영원칙 결정 (시간엄수/역할엄수)</td><td colspan="4"></td></tr>
<tr><td rowspan="6">진행</td><td rowspan="6">세부 활동 진행계획 (1회 모임기준의 예)</td><td>과정</td><td>소요시간</td><td colspan="2">활동 및 결과</td></tr>
<tr><td>오늘 모임을 통해 기대하는 결과물 공유</td><td>3분</td><td colspan="2">• 쉬운 과제 3개 해결
• 어려운 과제 3개 해결</td></tr>
<tr><td>구체적인 스터디그룹 활동</td><td>46분</td><td colspan="2">• 각 멤버들이 쉬운 문제 하나씩을 풀어 설명한다(각 4분).
• 문제해결방법을 잘 아는 학생 중심으로 어려운 문제를 같이 푼다(각 17분).</td></tr>
<tr><td>질의응답</td><td>21분</td><td colspan="2">• 스터디그룹 활동 시 해결되지 않은 내용에 대해 서로 질의응답을 한다.</td></tr>
<tr><td>다음 모임 상의하기</td><td>10분</td><td colspan="2">• 다음 모임 주제 및 구체적인 운영방식에 대해 논의 및 합의한다.</td></tr>
<tr><td>오늘 스터디그룹 활동에 대한 평가</td><td>10분</td><td colspan="2">• 시간계획을 좀 더 잘 지키자.
• 오늘 해결해야 할 문제를 하나 해결하지 못했다.</td></tr>
<tr><td>평가</td><td>과정 및 결과에 대한 평가계획 (전체적인 평가)</td><td colspan="4">•
•</td></tr>
</table>

2. 스터디그룹 운영을 위한 역할분담활동 평가

스터디그룹이 원활하게 진행되기 위해서는 적어도 전체 모임을 진행하는 팀리더, 모임 내용을 정리하는 서기, 적극적으로 참여하는 참여자의 세 역할이 필요하다. 팀리더, 서기, 참여자는 각각 아래와 같은 역할을 하게 된다. 아래의 체크리스트를 활용하여 스터디그룹 운영 시 분담한 각각의 역할 수행을 잘 하고 있는지를 평가해 보자.

역할	문항	항상 그렇다	자주 그렇다	가끔 그렇다	거의 그렇지 않다	전혀 그렇지 않다
팀리더 (조장)	• 팀원들의 기여도를 체크하고 아이디어를 평가한다.					
	• 정해진 시간에 따라 주제나 문제가 논의되고 모임이 진행되도록 이끌어 간다.					
	• 막힘없이 순조롭게 토의가 진행될 수 있도록 한다.					
	• 토의내용 및 아이디어를 요약해서 팀원들이 분명히 이해하도록 한다.					
	• 팀 내에서 누구나 의견을 낼 수 있도록 한다.					
	• 서로의 의견이 합의될 수 있도록 돕는다.					
서기	• 모임에서 제안된 의견이나 아이디어, 결정된 것 등을 기록한다.					
	• 제안된 안건을 요약하여 정리한다.					
	• 지난 모임에서 기록한 것을 복사하여 다음 모임에 보여 준다.					
	• 공동의 과제를 원활하게 진행하도록 팀리더를 도와준다.					
참여자	• 모임 시작시간을 정확히 지키며 자기 몫을 준비해온다.					
	• 모임에서는 과제에 집중한다.					
	• 모임이 원활하게 진행될 수 있도록 협조한다.					
	• 다른 사람들의 말을 적극적으로 들어주고, 자기 의견에 대한 방어는 최소화한다.					
	• 모임이 진행되는 동안이나 후에 과제가 공정하게 분배될 수 있도록 협조한다.					

3. 스터디그룹 운영의 전체적인 평가

다음은 스터디그룹이 얼마나 효율적으로 진행되는지, 어떤 부분의 개선이 필요한지 알고자 할 때 확인/점검해 볼 수 있는 체크리스트다. 아래의 평가틀을 활용하여 스터디그룹 운영의 전체적인 평가를 실시해 보자.

문항	항상 그렇다	자주 그렇다	가끔 그렇다	거의 그렇지 않다	전혀 그렇지 않다
1. 구성원을 신뢰할 수 있고 독립적이다.					
2. 구성원 모두가 맡은 것에 책임을 다한다.					
3. 모임 구성 후 각각 자신이 잘하는 부분과 그렇지 않은 부분을 말하여 서로 장단점을 이해하고 존중한다.					
4. 의견 제시, 토론 등에 모든 사람이 적극적으로 참여한다.					
5. 구성원들이 자신의 감정을 자연스럽게 표현할 수 있다.					
6. 그룹 활동을 통해 무엇을 얻고자 하는지 공동의 학습 목표를 갖고 있다.					
7. 주제에서 벗어나지 않는다.					
8. 모임에서 자신의 의견을 말할 때는 핵심 내용을 간결하고 명확하게 말한다.					
9. 모임에서는 자신의 생각만을 고집하지 않으며, 열린 태도로 다른 사람의 의견을 경청한다.					
10. 자신과 다른 의견이 나올 때에는 부담 없이 이의를 제기할 수 있다.					
11. 자신이 모르는 내용이나 용어가 나오면 추가설명을 요청할 수 있다.					
12. 서로의 의견에 대해 분석이나 비판을 하지만 건설적인 방향으로 실시한다.					
13. 문제에 대한 결론에는 모두가 동의한다.					
14. 구성원이 돌아가면서 역할(팀리더, 서기)을 맡는다.					
15. 모임 때마다 그룹 운영규칙을 상기한다.					

6 기억력 향상을 위한 노트 필기 전략

My Portfolio

강의 노트는 배운 것을 기억하는 데 매우 유용하다. 또 수업내용에 대한 흥미를 갖게 하고, 학습자료(교재, 유인물 등)를 보는 데 많은 도움을 준다. 한눈에 요점이 들어올 수 있도록 정리한 요점노트나 틀린 문제와 취약한 부분을 모아 만든 오답노트, 어휘력을 길러 주는 단어장 같은 것들은 학습한 내용을 머릿속에서 잘 정돈시키고, 정리된 내용 간에 연관을 지어 주어 자신만의 지식체계를 구축하도록 해 준다. 학습에 효과적인 다양한 노트 필기 전략을 세워 보고 이를 실제 수업에 활용해 보자.

1. 기억력 향상 방법 익히기

1) 장소에 연결시키는 기억술

서로 관계없는 대상들을 특정한 순서에 따라 기억해야 할 때 유용한 방법이다. 잘 알고 있는 장소의 심상에다 기억하려는 새로운 대상의 심상을 덧붙이는 것이다.

예 집으로 들어갈 때, 대문, 계단, 현관, 마루, 부엌, 안방, 화장실, 거실 등의 순서를 마음속에 차례대로 선명하게 떠올리고 거기에 기억하려는 대상들을 연결시킨다. 코끼리, 나무, 자동차, 강, 교회를 기억해야 한다면 코끼리가 대문에 서 있는 모습을 상상하고, 계단 옆에 나무를 상상한다. 이런 식으로 마음속으로 차례대로 그려 본다.

☑ 2인 1조가 되어 장소에 연결시키는 기억법을 연습해 보자.

〈연습의 예〉 전화, 책장, TV, 컴퓨터, 싱크대를 기억해야 한다면…
〈장소에 연결시키는 기억술〉

2) 그림을 활용한 기억술

기억할 내용을 그림으로 그려 보거나 마음속에 그려 본다. 좌뇌는 언어정보를 처리하는 역할을 하고, 우뇌는 그림 같은 정보를 처리하는 역할을 한다. 언어를 그림으로 바꾸어 본다면, 여러분은 뇌의 모든 부분을 다 사용하는 셈이다.

☑ 기억할 내용을 예시로 하나 선정하고, 그림으로 그려 가면서 기억하는 것을 연습해 보자.

〈연습의 예〉 녹색식물의 광합성 과정
〈그림에 의한 기억술〉

3) 범주로 기억하는 방법

기억할 내용을 범주화시키는 것이다. 우선 내용을 훑어보면서 내용 간의 유사점과 차이점을 나누고 내용들을 범주화하여 조직한다. 그리고 범주에 번호를 붙이고, 각 범주에 넣을 항목 수를 결정하고, 해당 내용을 넣는다. 각 범주에 들어간 항목들을 여러 번 반복해서 기억한다.

☑ 기억할 내용을 예시로 하나 선정하고, 그림으로 그려 가면서 기억하는 것을 연습해 보자.

〈연습의 예〉 자연환경과 인공환경의 비교

〈범주화에 의한 기억술〉

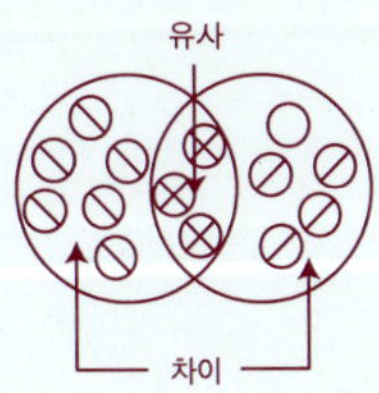

2. 미국 코넬 대학의 노트 정리법을 활용하여 노트 필기하기

√ 코넬식 노트 정리 방법

- 노트에 세로와 가로로 줄을 그어 '단서칸' '요약칸' 그리고 '노트 정리란'으로 구분하여 구성한다([그림 6-1] 참조).
- 수업시간에 '노트 정리란'에 강의내용을 필기한 후, 시험공부를 하면서 '단서칸'에 '노트 정리란'에 기록해둔 내용과 관련된 질문을 만들고, '요약칸'에는 해당 쪽의 내용을 한두 문장으로 요약한다.
- '단서칸'의 이점: '노트 정리란'에 기록해 둔 내용과의 관련성도 선명해지고, 그 단원의 요점도 분명해진다.
- '요약칸'의 이점: 우선 한 쪽에 가득 정리한 노트 내용을 간략하게 요약해 줄 뿐만 아니라 복습할 때 적어놓았던 것의 의미를 집약적으로 파악, 기억하기 쉽게 해 준다.

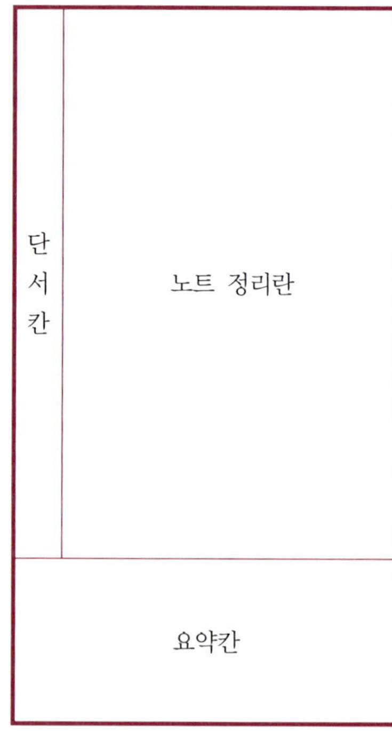

[그림 6-1] Cornell식 노트 정리 방법

- 시험대비를 위한 수업내용을 총정리할 때: '노트 정리란'의 내용을 종이로 가린 후, '단서란'에 있는 주요 질문을 보면서 스스로 이에 대해 답을 해 보는 방식으로 시험공부를 해 나갈 수 있다. 이때 총정리로 '요약칸'의 내용을 중심으로 시험범위 내용에 대한 전체적인 조감도를 효과적으로 그릴 수 있다.

☑ 코넬식 노트 정리 방법을 활용한 실제 노트 필기 연습

이번 학기에 수강하는 교과목 중 하나를 선택하여 코넬식 노트 필기 방법을 활용하여 실제 연습해 보자. '노트 정리란'의 가장 위쪽에 '교과목명' '수업일시(날짜 및 요일)' '담당교수명' 등을 기입한 후, 아래의 노트 정리 양식에 따라 노트 필기 연습을 하고, 다른 학생들과 개선점을 토의해 보자.

단서칸	교과목명 / 수업일시(날짜, 요일) / 담당교수명 노트 정리란
요약칸	

3. 개념도를 활용하여 내용정리하기

교재를 읽거나 강의를 들은 후에 내용정리하는 좋은 방법 중의 하나는 개념도(concept map)를 그리는 것이다. 개념도란 교재에서 다룬 주제, 주요 아이디어, 관련 정보 등의 상호관계를 쉽게 이해할 수 있도록 시각적으로 위계적인 측면을 고려하여 그린 것을 말한다. 개념도를 활용하면 방대한 학습내용이 어떻게 조직되어 있고 관련되어 있는지 쉽게 파악할 수 있어서 좋다. 나아가 자신이 읽은 내용이나 강의내용을 자신의 시각에서 재구성한다는 면에서 능동적인 자세로 학습하게 된다.

개념도 그리는 순서

① 특정 교과목에서 하나의 주제나 개념을 선택한다.

② 교재에서 다룬 정보를 어떤 식으로 구분할지 결정한다. 즉, 시간대별 흐름을 보아야 하는지, 각 개념이나 아이디어에서 파생되는 사항들을 나눌 것인지, 각 부분을 위계적 흐름에서 보아야 하는지 등을 판단한다.

③ 별도의 종이에 주요 아이디어, 주요 제목, 용어 등을 각각 적어서 같은 영역별로 나누어놓는다. 영역별로 구분한 것이 만족스러울 때까지 이 단계를 몇 번 반복할 수 있다.

④ 위 단계에서 구분한 것을 기초로 한 장의 종이에 개념도를 그린다. 위의 세 번째 단계가 번거롭다고 생각되는 경우, 바로 개념도를 그리면서 여러 번의 수정절차를 거칠 수 있다.

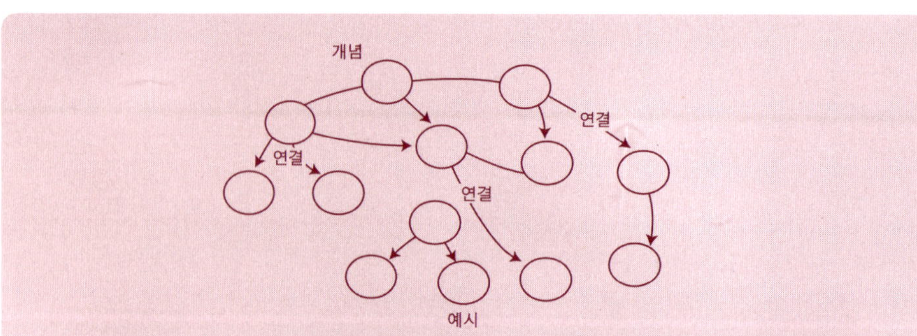

[그림 6-2] 개념도 그리는 방법(예)

☑ 학습한 내용 중에 한 가지 개념을 추출하여 개념도를 그려 보고 수정할 점을 찾아보자.

〈연습의 예〉 개념 추출: STS(Science－Technology－Society)

〈개념도 그리기〉

4. 수업단계별 나의 노트 필기에 대한 평가

수업 단계	문항	항상 그렇다	자주 그렇다	가끔 그렇다	거의 그렇지 않다	전혀 그렇지 않다
수업 전	• 강의 듣기 좋은 자리를 선택한다.					
	• 수업 전에 교재를 START 기법으로 읽고 예습한다.					
	• 빠짐없이 출석한다.					
수업 중	• Record: 강의의 중요한 내용만을 필기한다.					
	• Reduce: 강의에서 전체적인 것과 세부적인 것을 구분하여 요약하면서 필기한다.					
	• Recite: 강의내용이 생생하게 기억될 때, 노트 오른편에 남겨둔 여백에 핵심 단어나 단서를 적어놓아 복습할 때 활용한다.					
	• Reflect: 완전히 이해하기 위해서 필기 내용을 곰곰이 다시 생각해 본다.					
	• Review: 기억과 암기를 위해서는 반복적인 복습을 한다. 이때 노트 오른편의 여백에 적어놓은 핵심 단어나 단서를 보고 왼편의 내용을 기억해 내는 방법을 활용한다.					
수업 후	• 필기의 내용을 재구성한다.					
	• 용어의 개념을 정의한다.					

7 A+ 리포트 작성하기

My Portfolio

어떤 주제에 대한 간략한 자료조사나 문제풀이만으로 끝냈던 고등학교 시절을 보내고 대학에 들어오게 되면 여러 가지 달라진 학습방법에 난감해하는 경우가 종종 있다. 그중에서도 가장 난감한 주제는 바로 리포트 작성이다. 물론 수학문제나 물리문제 등과 같이 그저 문제풀이만으로 끝나는 과제가 있기도 하다. 하지만 그런 경우를 제외하면 하나의 주제를 가지고 스스로 조사, 탐구하여 완성된 글로 만들어 제출하는 것이 대부분이다.

그렇기에 리포트는 단순히 자료 찾는 법이나 간단한 지식을 얻는 것에서 끝나는 것이 아니라 자료를 평가하고 선택하며 종합하고 수렴할 수 있는 비판적 사고와 여러 참고자료를 통한 다양하고 폭넓은 사상과 견해에 접할 수 있게 된다. 리포트 작성이야말로 자신만의 학습능력을 향상시킬 수 있는 훈련의 기회가 될 수 있으며, 자신만의 능력을 마음껏 발휘할 수 있는 좋은 기회가 되기도 한다.

자! 이제 리포트 작성을 위한 첫발을 내딛어 보자.

리포트, 손쉽게 해결할 수 없을까?

리서치기업 엠브레인이 대학생 258명을 대상으로 실시한 '인터넷 리포트 구매 경험' 조사 결과(2006년 기준) 67.1%인 172명이 '1번 이상 구매한 경험이 있다'고 응답하였다고 밝혔다. 리포트를 산 목적으로는 '내용을 참고하기 위해'가 73.4%로 가장 많았고, '작성법과 구성 등을 참고하기 위해' 19.7%, '리포트 전체를 그대로 활용하기 위해'가 5.8%에 달했다. 또한 구매 후 활용방법으로는 67.6%가 '보충자료로만 활용한다'고 응답했지만, '일부분만 수정해 제출한다'는 응답도 28.9%에 달해 자신이 작성하지 않은 리포트를 제출하는 경우도 상당한 것으로 나타났다.
리포트 구매가 학업태도나 학업성취도에 미치는 영향을 묻는 질문에는 과반수인 56.6%가 부정적이라고 답한 반면 긍정적이라는 응답은 21.3%에 그쳐 리포트 구매가 학업에는 큰 도움이 되지 않는 것으로 드러났다.

-세계일보 2006년 7월 27일자 기사-

1. A$^+$ 리포트의 기본 조건

√ 제출 의도를 파악하자

리포트 작성에 들어가기에 앞서 우선 교수님이 왜, 어떤 의도로 이런 리포트를 내주셨을까 고민해 보자. 그런 다음에 '교수님의 뜻에 맞는 보고서가 어떤 것일까?' '어떻게 써야 할까?'를 생각하자. 교수님이 요구하는 리포트의 성격을 정확하게 이해하고 그에 적합한 주제 설정이나 자료조사, 리포트 작성방식을 선택해야 한다.

√ 읽기 쉽고, 보기 쉽게 만들자

내용이 충실하다면 그 내용을 가능한 한 읽기 쉽고 보기 쉽게 요리해야 한다.

컴퓨터의 문서작성 프로그램을 잘 활용하면 읽고 보기에 매우 효과적인 보고서를 만들 수 있다.

√ 짜깁기, 베끼기는 절대 하지 말자

인터넷으로 다운받은 자료나 선배들에게 구한 리포트를 짜깁기, 베끼기 하는 것은 최악의 행위다. 이런 방법으로 리포트를 쓰는 것은 지적 성장과 학업 성취에 도움이 되지 않을 뿐더러 오히려 나쁜 결과를 초래할 수 있다.

교수님들은 어떤 리포트가 짜깁기되고 베낀 것인지 늘 모니터하고 있다. 학생 스스로의 창의성과 성실성이 A$^+$ 리포트의 중요한 조건이다.

2. 초고 작성하기

√ 깨끗하게 작성하자

아무리 글이 논리정연하게 작성되어 있어도 제출된 리포트가 깨끗하지 않다면 성의가 없어 보일 수도 있다. 그리고 간혹 문서편집 툴(글자모양, 글자크기, 줄간격, 여백 등)을 지정해서 리포트를 내 주셨다면 꼭 지키도록 한다.

☑ 형식, 맞춤법, 문법 등은 정확하게 지키자

완성되어 제출되는 리포트에는 어떤 맞춤법의 오류도 있어서는 안 된다. 최근 온라인상의 용어가 일상화되면서 간록 리포트에서조차 이모티콘 등을 사용하는 경우가 있는데, 이는 꼭 피해야 한다.

☑ 주관적이고 모호한 문장은 피하자

'~인 것 같다'나 '~일지도 모른다'는 식의 모호한 어투나, 지나치게 감상적인 어투 그리고 화려한 문장 등은 객관적이고 정확한 느낌을 주지 않기 때문에 피하는 것이 좋다.

☑ 일반적인 글은 삼단구성으로 이루어진다

리포트는 서론-본론-결론으로 구성하는 것이 가장 기본적인 방법이다. 서론에는 들어가는 말이 필요하며, 본론에는 자신이 주장을 펼쳐 나가는 중심말과 함께 그에 뒷받침되는 근거들이 제시된다. 결론에는 중심말의 요약과 자신의 견해 등 마무리하는 내용이 포함된다.

☑ 글을 인용할 때는 반드시 출처를 밝힌다

짧은 문장을 그대로 인용할 때에는 글 속에서 따옴표로 인용하고, 긴 문장을 인용할 때는 본문과 분리하여 별도의 문단으로 제시하는 것이 일반적이다. 이때 인용문은 각주 혹은 미주를 통해 인용한 출처를 밝혀주기도 한다.

☑ 리포트 구성 예시

단계	내용	
서론	• 보고서 작성의 필요성 또는 문제제기 • 보고서 작성의 목적과 방법	• 의의 또는 기대효과
본론	• 학습의 주요 내용에 대한 서술 • 학습결과 제시	• 학습내용 분석 및 해석 • 관련 표, 그림, 통계자료 제시
결론	• 내용 및 결과의 요약 • 결과에 대한 강조	• 문제점 혹은 미흡점 서술

3. 서론 쓰기

리포트의 독자는 서론부터 읽는다. 사람들을 만날 때 첫인상이 매우 중요한 것처럼, 서론은 매우 중요한 역할을 한다. 그만큼 선뜻 작성하기에 부담이 가장 큰 부분이다. 서론의 일반적인 요건을 알아보고 실제 사례를 분석함으로써 좋은 서론을 보는 눈을 길러 보자.

- 주제와 관련된 주요 사건이나 일반적 사실 소개로 시작하기
- 속담이나 격언 또는 유행어 인용으로 시작하기
- 중요한 개념 정의로 시작하기
- 현실적 문제 및 실태로 시작하기

<굿 윌 헌팅>을 본 후에

200

처음 듣는 영화는 아니었고, 무엇보다 어떤 내용인지에 대해서 막연하나마 알고 있는 영화라 보기 전부터 그다지 큰 기대는 하지 않았다. 과제의 일부로 생각하며 비디오 테입을 빌렸을 뿐이고, 큰 감흥은 기대하지도 않았다. 하지만, 역시나 내 반응은 달랐다. 스케일이 크지 않은 영화가 좋다. 다행히도 이 영화의 스케일은 비록 공간자체는 크다고 할 수 있어도 결코 크지 않은 감정의 스케일을 주는 영화였다. 영화의 장면, 그리고 맷 데이먼과 로비 윌리엄스의 대사와 웃음들이 머리에 많이 남았고, 모든 영화가 그렇다고 말할 수도 있겠지만, 조금은 더 깊이 나를 들여다 볼 수 있게 해주었던 영화라서 아주 좋은 기회가 되었던 것 같다. 천재지만 자신을 인정하지 않아 자신의 삶을 거의 포기하고 사랑을 받지 못해 다른 사람들이 떠날까, 잘못되지 않을까 겁만 내고 살던 윌 헌팅 이라는 소년이 있었다. 그리고 우연한 기회에 이 소년의 천재성을 알아본·교수 그리고 윌 의 치료를 맡게 된 숀이라는 정신과 의사. 영화는 제멋대로 이고 사랑받지 못해 겁만 내는 윌 이 숀에 의해서 마음이 열려가고 치유 되어가는 과정을 감동 깊게 그리고 있다. 숀이 윌 에게 이런 말을 한다. '네 잘못이 아니야' 모든 것을 포용하는 대사였고, 이 영화를 지배하는 대사였다. 숀의 이 한마디에 윌은 흐느끼고 자신의 마음을 녹여 내린다. 스스로를 인정하지 않고 눌러왔던 것들을 윌 은 쏟아내고 뱉어내고 또 토해낸다. 그리고 얼마나 쓰렸는지 얼마나 아파했는지 웬일인지 가슴에 선하도록 다가왔다. 윌 은 그렇게 숀의 품에 안겨서 처음으로 자신을 진정 돌아볼 수 있지 않았을까.. 이 대사는 비단 윌 에게만 해당되는 것은 아니었다. 나는 숀의 진솔하면서 모든 것을 포용해줄 것만 같은 모습과 대사에서 스스로에게 다시 되 묻는다. 나를 속여 온 작은 것들에서부터 큰 것까지, 그리고 지금의 나까지 말이다. 모든 영재아들이, 비단 이것은 영재아 만의 문제는 아닐 것이다. 개인 내의 고독이란 누구나 있는 것이니 모든 사람들이 정도의 차이는 있겠지만 자기 속의 고독을 스스로, 그리고 사회가 키워 나간다.

처음에는 말도 안하고 턱턱 대고 자기방어에만 치중하던 윌 이 숀의 사랑과, 숀의 마음과, 그의 진솔함에 자기를 볼 수 있었던 것이다. 말로만 지식으로만 머리로만 알고 있는 것들을 자기 것처럼 말하곤 하던 윌, 아마 보이지 않는 영화 끝에 그는 이제 정말 진실 된 자신의

comments

'행복한 아이'를 위한 부모와 교사의 역할
-「천재소년 테이트」를 보고

◎ '다르니 얼마나 좋은가.'

영재아동 한 무리를 밴에 태우고 다니며 지성올림픽에서 그들의 우수한 두뇌를 사랑하던 선생님이 테이트의 생일선물로 준비한 것은 '장난감 트럭'이었다. 모든 상대에게 통명스럽기만 하던 수학영재 데몬은 아이들에게 장난을 걸고 즐거워한다. 많은 친구들의 무리 속에서 디디와 테이트는 즐겁게 춤을 춘다.

또래와 어울리지 못하고 운동장 바닥에 그림을 그리던 아이, 세상에 대한 걱정으로 위가 좋지 않아 병원신세를 져야 하던 아이에게 일어난 변화를 보며 영재교육에 관한 많은 생각을 할 수 있었다. 그 중에서도 내가 중요하게 다루고 싶은 것은 디디(테이트의 엄마)와 제인(영재학교의 선생님)의 관계이다. 또 그들과 테이트가 맺는 관계에 관한 것이다. 다른 영화를 덧보탤 수도 있지만 영재아동의 교육에 관한 책들을 더 참고했다. 학습적인 면보다 영재아동의 정서적 측면과 부모, 교사와의 관계에 중점을 두었다.

comments

4. 본론 쓰기와 목차 만들기

리포트의 분량이 많아 전체의 흐름을 파악하기 어려울 경우에는 리포트의 제목과 서론 사이에 목차를 둠으로써 리포트의 전반적인 흐름을 파악할 수 있도록 하는 것이 좋다. 목차는 리포트의 내용을 논리적으로 전개시키기 위한 틀이다. 따라서 쟁점이나 주제의 중요도에 따라 제목을 정하고, 하위 주제를 체계성 있게 배열해야 한다.

〈 목차 〉

<작업일자>

05. 11. 15 ~ 05. 11 21 간통죄폐지 찬반논란에 대해 각자 공부
05. 11. 22 각자의 자료를 모아 방향 설정 및 조원 간 1차 토론
레포트 작성
05. 11. 28 조원 간 2차 토론 및 토론수업 총괄 마무리

comments

◆목 차◆

comments

comments

5. 결론 쓰기

결론은 리포트를 마무리하는 부분이므로 특히 주의하여 써야 한다. 서론에서는 읽는 이에게 호기심과 기대감을 주어야 하는 반면, 결론에서는 만족감 혹은 성취감을 주어야 한다. 서론에서의 기대감이 결론에서 실망감으로 바뀐다면 큰일이다. 결론에서 강한 인상을 받은 교수님이라면 본론을 다시 한 번 검토하려 할 것이다.

결론이 가지는 가장 중요한 구실은 본론에서 논의된 골자를 간추려서 한눈에 확인할 수 있게 하는 데에 있다. 그러므로 결론이 갖추어야 할 조건으로 가장 중요한 것은 본론의 요약이다. 그러나 모든 결론이 그런 것은 아니다. 결론이 갖추어야 할 조건으로는 요약 외에도 일반화, 전망 제시, 부연설명, 주장 등이 있다. 이들이 단독으로 나타나는 경우도 있으나 대개 둘 이상이 결합되어 있다.

리포트 주제: 학급경영의 개념과 학급경영자로서 학급 담임의 역할	학급경영을 책임지고 있는 담임교사가 학급경영의 기능을 제대로 발휘하기 위해서는 학교, 학년의 경영목표나 방침을 이해하고, 학급 내의 학습자들의 능력, 적성, 환경 등의 제반 특성, 즉 학급의 인적 실태와 설비 비품 등의 물리적 실태를 분석하여 파악하고, 여기에 학교, 학년의 교육계획과 과제를 조화시켜서 학습자의 자주성과 창의성을 신장시킬 수 있는 전인교육을 지향하는 경영이 되도록 해야 한다. 일반적으로 학급담임의 능력, 성품 그리고 그의 경영철학은 학급경영의 결과에 큰 영향을 미친다. 그러므로 학급경영자의 책임은 막중하다고 할 수 있다.	comments
주제: 드라마 속의 성문화 고찰	3. 결론 이 과제를 시작하면서 과연 이 미국 트렌디드라마에서 얼마나 많은 주제를 이끌어 낼 수 있을까 의문이 든 것은 사실이었다. 하지만 "Sex and the City"라는 제목에 걸맞게 거의 주요한 성에 관한 주제들이 모두 이 드라마 속에 담아져 있어 다양한 각도로 여러 문제들을 제기할 수 있었다. 특히나 이 드라마에서 눈에 띄는 각기 개성이 있는 캐릭터들의 인물설정은 한 주제를 가지고 다른 관점에서 논할 수 있는 이 드라마의 매력이었다. 처음에 이 드라마를 접했을 때 아마 거의 모든 한국인들은 문화적 충격을 경험했을 것이다. 이처럼 한국의 공중파 드라마에서는 듣기조차 힘든 용어들과 주제들이 거침없이 이 드라마에 흘러나왔고 사실적이다 못해 과장된 듯한 인물들의 설정은 아직까지 성의 담론에는 익숙하지 않은 한국의 시청자들 놀래기엔 충분하다. 하지만 무조건 "너무 심하다. 어떻게 저럴 수가..."라는 반응보다는 그에 대한 제작의도와 배경을 조사한 결과 그들만의 성의 세계를 꾸밈없이 솔직하게 잘 표현한 작품이라는 느낌이 들었다. 미혼모나 동성애 문제같이 큰 사회적 이슈를 드라마에 포함시킴으로써 다양한 사람들의 관점을 볼 수 있었고 그에 대해 다시 한번 생각하게 되는 나를 보게 되었다. 이처럼 단순한 엔터테이먼트의 개념으로써의 드라마가 아닌 현대 미디어 사회의 큰 획을 긋는 TV드라마가 얼마나 시청자들에게 큰 영향을 줄 수 있는지 또 사회적 이슈를 얼마나 효과적으로 반영할 수 있는지 우리는 항상 염두 해야 할 것이다. 성을 금기시하고 무조건 다루는 것을 피할 것만이 아니라 솔직하고 거침없이 표현되고 논한다면 시청자들도 더 이상 성을 부도덕하고 불결한 게 아니라 너무나 자연스러운 우리의 삶의 한부분이라 인정할 수 있을 것이다. 그렇다면 오히려 건전할 수 있는 투명한 성문화로 거듭날 수 있지 않을까.	comments

6. 리포트 형식 다듬기

리포트 표지나 목차, 편집 등은 리포트의 인상을 좌우하기 때문에 내용 못지않게 신경을 써야 한다. 잘 갖추어진 형식의 리포트는 읽는 사람의 입장에서 볼 때 정성이 담겼다는 인상을 주기도 할 것이고, 리포트가 보다 전문적이고 매력적으로 보이게 한다. 특히 맞춤법의 오류가 리포트 내용의 질을 떨어뜨리므로 유의해야 한다.

✓ 표지 만들기

리포트를 작성하였을 때는 가급적 표지를 만들어야 하며, 표지에는 제목, 과목명, 담당교수명, 제출일자, 소속, 제출자 등이 빠지지 않도록 한다.

실험 결과보고서

실험 제목 : 절삭력 측정 실험

과 목 명 :
담당교수 :
학 과 :
학 번 :
이 름 :
제출일자 :

comments

<table>
<tr>
<td>

</td>
<td>comments</td>
</tr>
<tr>
<td>
드라마 섹스엔시티(SEX AND THE CITY)의
성(SEX)문화 고찰

</td>
<td>comments</td>
</tr>
</table>

8 질문 · 발표 · 토의능력 기르기

My Portfolio

자신의 생각과 느낌을 효과적으로 전달하고 설득하며 감흥을 불러일으키도록 커뮤니케이션하는 방법은 없을까? 질문하고 발표하며 토의하는 능력을 기르는 것은 대학은 물론 사회생활에서도 도움이 되는 커뮤니케이션 기술이다. 듣고 있는 내용에 대해 조사하고 다른 사람들 앞에서 질문 · 발표 · 토의하는 것은 짧은 시간에 많은 정보를 처리하고, 합리적으로 행위하며, 바람직한 의사결정해야 하는 현대인들에게 점점 더 중요한 일이 되고 있다.

인간이 서로의 생각을 소통하기 위해 개발한 방법이 질문, 발표, 토의 등이다. 어떻게 하면 이러한 능력을 기를 수 있을까?

율곡 이이는 말을 진실되고 신의가 있도록 하라고 가르쳤다. 발표나 토의를 잘 하는 방법은 진실되고 신의 있게 말하라는 율곡 이이의 말을 실천하는 데에서 시작된다. 그리고 가능하면 평소에 다양한 사람들과 비형식적인 대화를 많이 나누는 것이 좋은 질문 · 발표 · 토의능력을 기르는 데 필요하다. 이뿐만 아니라 비형식적인 대화에 머물지 않고 공식적인 회의에 참여하여 질문을 하거나, 그에 대한 대답을 듣고 발표하며 토의에 참여하는 것이 요구된다.

1. 말하기의 기초

- 적극적으로 경청하라.
- 말하는 순서와 양을 조절하라.

- 듣는 사람이 분명히 알아들을 수 있도록 말하라.
- 신체적 표현을 활용하여 말하라.

다음 예제문을 가지고 거울을 보면서 혹은 비디오 촬영을 통해 말하기의 기초를 연습해 보자.

예제문

"네 소원이 무엇이냐?" 하고 하느님이 물으시면, 나는 서슴지 않고
"내 소원은 대한 독립이오." 하고 대답할 것이다.
"그 다음 소원은 무엇이냐?" 하면, 나는 또
"우리나라의 독립이오." 할 것이요, 또
"그 다음 소원이 무엇이냐?" 하는 셋째번 물음에도 나는 더욱 소리를 높여서
"나의 소원은 우리나라 대한의 완전한 자주독립이오." 하고 대답할 것이다.

-김구의 백범일지 중에서-

2. 질문하기

질문은 학습하고 있는 내용을 자신의 것으로 이해하거나 보다 깊이 이해할 수 있도록 돕는 강력한 도구다. 상황에 맞는 질문법을 연습해 보자.

✓ 학습 논제를 다룰 때

- 발표자께서 말하고자 하는 요점은 무엇입니까?
- 그에 대해 좀 더 말씀해 주시겠습니까?
- ~에 대해 이야기해 주시겠습니까?
- ~에 초점을 맞추어 설명해 주시겠습니까?
- ~좀 더 자세히 말씀해 주시겠습니까?

✓ 의견을 전달할 때

- ~ 저의 관점에서는 ~입니다.

- ~이 문제 외에도 우리가 생각해 보아야 할 것이 있다고 생각합니다만~
- ~에 대해 좀 더 듣고 싶은데요.
- ~에 대해서는 납득이 가지 않는군요.
- ~사실을 근거로 진술해 주시겠습니까?
- ~에 대해 어떻게 생각합니까?
- ~인데 우리가 어떻게 할 수 있을까요?
- ~의 차이점은 무엇입니까?
- ~다른 예를 들어 주겠습니까?
- ~질문해도 될까요?
- ~할 수 있는 또 다른 방법이 있습니까?
- ~하는 데 무엇이 가장 좋은 방법일까요?
- ~을 성취하기 위해서는 무엇이 필요할까요?
- ~의 의미는 무엇이지요?
- ~ 당신이 말한 것은 ~이군요. 그것은 어떤 의미지요? 다른 방식으로 말해 줄 수 있나요?

☑ 선택과 결정

- ~저의 생각은 다소 차이가 있습니다만~
- 타당하다고 생각하는 것을 선택해 주시겠습니까?
- ~을 위해서는 무엇이 필요할까요?
- 어느 방법이 더 좋을까요?
- ~으로 결정하면 어떨까요?
- ~의 최종 결정에 대해 어떻게 생각하십니까?
- ~에 대해 완전히 동의하나요?

수업이나 토론장에서 좋은 질문과 나쁜 질문은 어떤 것이 있을까? 각자 생각해 보고 다른 사람과 생각을 공유해 보자.

좋은 질문	나쁜 질문
•	•
•	•
•	•
•	•
•	•

3. 발표하기

√ 발표 전 체크리스트

발표기술 체크리스트를 가지고 자신의 발표 전 준비사항을 점검해 보자.

문항	1점	2점	3점	4점	5점
발표목적을 확인하는가?					
발표내용을 계획하는가?					
발표장소를 점검하는가?					
발표도구를 사용하는가?					
듣는 사람은 누구인지 점검하는가?					

√ 발표불안을 떨쳐버려라

발표를 할 때 대부분의 사람들이 불안해한다. 나이나 경험이 많든 적든 간에 청중 앞에서 발표하는 것은 편하지 않다. 처음에 발표할 때는 친한 친구나 편한 선생님의 다정한 눈빛을 쳐다보고 발표를 시작하면 불안감을 다소 떨칠 수 있다.

지금 발표장 앞에 서 있다고 생각하고 나의 발표불안을 떨치기 위한 자신만의 방법을 써 보자. 가능하면 쓴 내용을 친구들과 토론해 보자.

발표불안을 떨치기 위한 나만의 방법

-
-
-
-
-

√ 발표는 자신 있게 하라

발표자가 처음 시작할 때부터 마칠 때까지 자신감을 보여 주면 듣는 사람들은 발표자가 발표내용을 충분히 준비했다고 느낀다.

자신 있게 발표하기 위해서 나는 무엇을 할 수 있을까 써 보자. 가능하면 쓴 내용을 친구들과 토론해 보자.

자신 있게 발표하기 위한 나만의 방법

-
-
-
-
-

√ 아이디어는 명확하게 전달하라

청중이 발표자가 제시하는 아이디어의 흐름을 쉽게 예측할 수 있도록 명확하게 전달하기 위해 노력한다. 한 번에 하나씩 아이디어를 전달한다. 또한 몇 개의 아이디어를 제시하였다면 제시된 아이디어의 차이점이나 같은 점들을 비교한다.

아이디어를 명확하게 전달하기 위해서 나는 무엇을 할 수 있을까 써 보자. 가능하면 쓴 내용을 친구들과 토론해 보자.

아이디어를 명확하게 전달하기 위한 나만의 방법
•
•
•
•
•

4. 토의하기

동료 또는 친구들과 주제 토의에 참여하면서 토의 차트 만들기를 시도해 보자.

토의 전에 내가 원래 생각했던 것은 무엇인가?
• 큰 아이디어(big idea)
• 지지 증거
• 요점

⇩

토의에 참여하여 다른 사람들로부터 얻게 된 새로운 정보는?
•
•
•
•
•

⇩

토의를 마친 후 내가 이제 생각하고 있는 것은?

-
-
-
-
-

[그림 8-1] 토의 차트 만들기

9 효율적인 시간관리

My Portfolio

시간을 어떻게 활용하느냐에 따라 대학생활에서 성공하느냐 아니면 실패하느냐가 결정된다. 여러분에게는 한 주에 총 168시간이 주어진다. 1주일 168시간 중 적어도 18~20시간(2학점당 2시간의 주간 학습량을 설정한 경우)은 과제와 공부를 해야 하며 추가로 식사시간, 잠자는 시간, 동아리활동, 사교활동, 영화 등의 문화생활에 대한 소비시간을 고려하면 남는 시간이 별로 많지 않다.

따라서 계획성 없이 생활하는 경우 많은 과제와 수업, 기타 자기생활을 병행하기 어려울 수 있다. 그래서 생활을 계획하는 것, 즉 시간관리를 해 나가는 습관은 매우 중요하며, 이것은 나중에 사회인이 되어서도 중요한 습관이 될 것이다.

시간관리는 습관이다. 시간관리에 대한 자신의 습관을 점검하고 새롭게 시간을 계획하고 관리해 보자. 또한 시간을 낭비하고 있지는 않은지 점검해 볼 필요가 있다. 다음은 시간낭비를 하는 주요 행동이다. 나는 몇 개나 해당되는지를 체크해 보자. 체크되는 숫자가 많을수록 시간관리에 어려움을 겪고 있으며, 시간관리 요령이 필요하다고 할 수 있다.

- 같은 과제물을 가지고 오랫동안 마무리하지 못하고 있다.
- 컴퓨터 게임에 곧잘 빠져 있다.
- 인터넷 웹서핑에 빠져 있기 쉽다.
- 예정에 없거나 중요하지 않은 방문자와의 만남을 오래 끈다.
- 중요하지 않은 전화통화를 오래 하고 있다.
- 불필요한 미팅에 자주 참석한다.
- 목표 없이 공부하거나 일하는 경우가 많다.
- 한 번에 너무 많은 일을 하려고 하며, 그 일을 하는 데 필요한 시간을 과소평가하곤 한다.

- 우유부단한 경향이 있다.
- '아니요'라고 말해야 할 때 '예'라고 대답해버린다.
- 잘 하고 있거나 익숙한 공부나 일에 지나치게 관여하여 자신을 지치도록 만든다.
- 자신이 할 필요가 없다고 생각하는 일을 하고 있다.
- 어떤 일을 준비하는 데에 대부분의 시간을 소비하고 있다.

1. 나만의 시간관리 매트릭스 만들어 보기

시간관리 매트릭스는 일의 중요도와 긴급도에 따라 시간관리를 할 수 있도록 돕는다. 나의 일주일 생활을 곰곰이 점검해 보고 중요도와 긴급도에 따라서 시간관리 매트릭스에 분류해 보자.

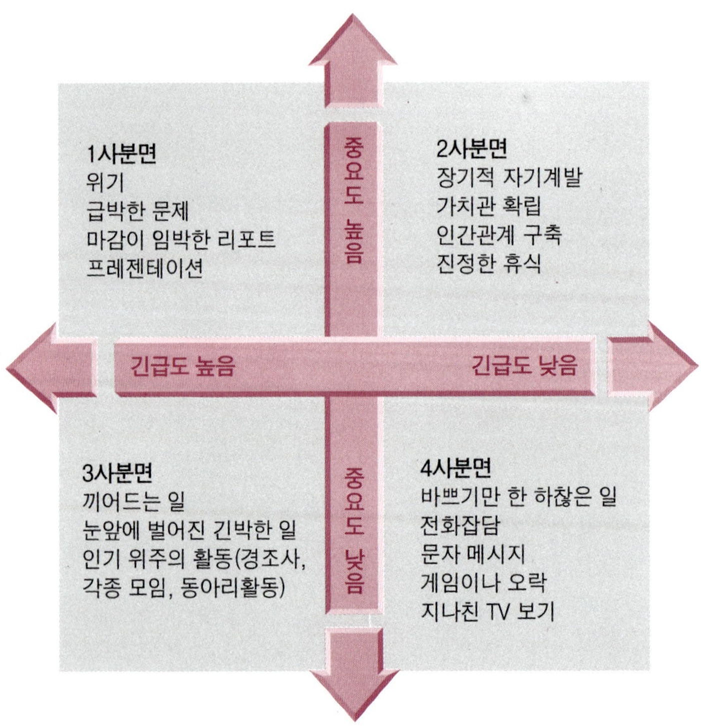

[그림 9-1] 시간관리 매트릭스

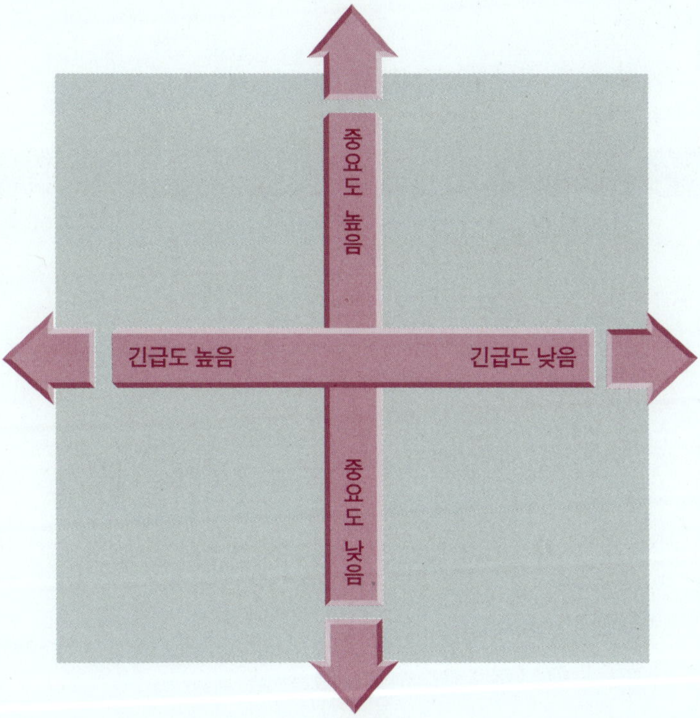

2. 시간관리의 실제

시간관리에서 먼저 점검해 보아야 하는 것이 목표설정이다. 또한 목표를 달성하기 위해 필요한 일들을 나열해 보고 일의 우선순위를 결정하여 이에 따라 월별 · 주별 · 일일 시간계획을 작성한다.

☑ 목표 설정

- 2주 후, 2달 후, 한 학기 후, 1년 후, 졸업 후, 10년 후, 20년 후의 원하는 자신의 모습을 생각해 보고 이를 적어 본다.
- 이러한 자신의 모습을 이루기 위해 어떤 일을 해야 하는지를 적어 본다. 이를 토대로 시간계획을 할 수 있다.

월별 시간계획

- '월별 시간계획 및 점검표'로 매달의 일정을 계획한다.

월별 시간계획 및 점검표			
월	세부 목표	추진 전략	자기반성 및 강화
1월			
2월			
3월			
4월			
5월			
6월			
7월			
8월			
9월			
10월			
11월			
12월			

☑ 주별 시간계획

- 주간계획에서 우선순위(to do lists)를 둘 일을 정한다.
- 우선순위를 기준으로 '주간 시간계획 및 점검표'를 작성하여 활용한다.

주간 시간계획 및 점검표			
요일	세부 목표	추진 전략	자기반성 및 강화
월			
화			
수			
목			
금			
토			
일			

일일 시간계획

- 주별 시간계획을 기준으로 '일일 시간계획 및 점검표'를 만들어 활용한다.

일일 시간계획 및 점검표

시간	월	자기 점검	화	자기 점검	수	자기 점검	목	자기 점검	금	자기 점검	토	자기 점검	일	자기 점검
6:00														
6:30														
7:00														
7:30														
8:00														
8:30														
9:00														
9:30														
10:00														
10:30														
11:00														
11:30														
12:00														
12:30														
1:00														
1:30														
2:00														
2:30														
3:00														
3:30														
4:00														
4:30														
5:00														
5:30														
6:00														
6:30														
7:00														
7:30														
8:00														
8:30														
9:00														
9:30														
10:00														
10:30														
11:00														
11:30														
12:00														
전체 점검														

10 학습동기 높이기

My Portfolio

"우리 세대의 가장 위대한 발견은 인간들이 마음가짐을 바꿈으로써 그들의 인생을 변경시킬 수 있다는 것이다." -윌리엄 제임스-

스타가 된 아놀드 슈워제네거

나는 취재 노트를 펼쳐놓고 식사 중간중간에 기사에 필요한 질문들을 해 나갔는데, 한번은 지나가는 투로 이렇게 물었다. "보디빌딩을 그만두셨다는데 앞으로 뭘 할 생각이세요?" 그러자 그는 사소한 여행 계획을 얘기하듯 소곤소곤 말했다. "전 할리우드 최고의 스타가 될 겁니다." 나는 놀란 티를 내지 않으려고 무척 애썼다. 왜냐하면 그의 초기 영화들이 그다지 가능성을 보여 주지 못했을 뿐 아니라, 그의 오스트리아식 억양이나 무시무시한 근육도 관객들을 단박에 사로잡을 수 있을 것 같지 않았다. 내친 김에 무슨 수로 할리우드의 톱스타가 될 거냐고 물었다. "보디빌딩을 할 때처럼 할 겁니다." 그는 이렇게 말하면서 한 마디 덧붙였다. "원하는 모습을 상상하면서 이미 다 이룬 것처럼 사는 거지요."

1. 동기조절전략

여러분은 자신의 학습동기를 어떻게 조절하고 있는가? 다음에 제시된 검사지를 통해 학습목표를 성취하려고 노력하는 과정에서 학습동기를 유지하기 위해 사용하는 전략을 점검해 보자.

아래 문항을 자세히 읽어 본 후 자신의 평소 행동이나 생각과 일치하는 정도에 따라 해당 번호에 체크해 보자.[1)]

1) 이 검사지는 Wolters(1999)가 개발한 동기조절 척도를 김은영(2006)이 번안한 것이다.

(1-전혀 그렇지 않다 .... 4-보통 그렇다 .... 7-매우 그렇다)

문항	1	2	3	4	5	6	7
1. 과제를 재미있게 만들어 즐겁게 공부한다.							
2. 좋은 성적을 받게 될 것을 생각하며 열심히 공부한다.							
3. 과제를 하면 자신에게 어떤 보상을 주기로 약속한다.							
4. 할 수 있는 한 많이 배우고 공부해야 한다고 자신에게 말한다.							
5. 학교 과제를 재미에 초점을 맞춰 즐겁게 한다.							
6. 학교에서는 공부를 잘해야 한다고 자신에게 말한다.							
7. 공부할 수 있는 양을 유지하도록 자신을 설득한다.							
8. 주변을 변화시켜 일에 집중하도록 한다.							
9. 좋은 성적을 얻는 것이 얼마나 중요한지 생각한다.							
10. 일을 흥미롭게 만드는 방법을 생각한다.							
11. 학교에서 시험을 잘 보고 과제를 잘 해가는 것이 얼마나 중요한지 생각한다.							
12. 지금 해야 할 과제를 마치면 나중에 내가 원하는 어떤 것을 할 수 있다고 자신과 약속한다.							
13. 전에 한 것보다 더 잘할 수 있다고 자신을 압박한다.							
14. 학습자료를 좋아하고 흥미로운 것과 연결지으려고 한다.							
15. 많은 일을 하면 나중에 재미있는 어떤 것을 할 것이라고 자신과 타협한다.							
16. 주변의 산만한 요인을 제거하려고 한다.							
17. 일을 어떻게 하면 재미있게 할지 찾아본다.							
18. 내가 한 일에 대해서는 결과 여하를 막론하고 내가 책임을 진다.							
19. 책임한계가 뚜렷한 일을 좋아한다.							
20. 내 자신의 능력이 허용되는 범위 내에서 최선을 다한다.							
21. 어려운 일을 성취하는 즐거움을 갖는다.							
22. 하던 일을 끝까지 성공시킨다.							
23. 어떤 과업이든 그 결과를 예상해 보고 성취 가능성에 따라 단계적으로 실천계획을 세운다.							
24. 남과 경쟁하면 반드시 이기려고 한다.							

25. 온갖 역경 속에서도 나의 꿈을 실현시키려는 강한 의지를 갖는다.							
26. 내 자신을 타인보다 나은 존재로 만들려고 노력한다.							
27. 다른 사람보다 높은 이상을 세우고 그것을 위해 노력한다.							
28. 일생일대의 위대한 업적을 이루어 보겠다는 꿈을 가지고 있다.							
총점							

2. 자기성취예언서 작성하기

자기충족적 예언(self-fulfilling prophecy)이란 기대와 믿음을 가지면 결국 그 사람이 기대되는 방향으로 행동하고 성취하도록 이끌 수 있다는 것을 말한다. 흔히 피그말리온 효과, 로젠탈 효과라 불리는 것이 바로 그것이다. 자기충족적 예언은 '모든 것은 마음먹기에 달렸다.'는 불교의 일체유심조(一體唯心造)나, 가짜약을 먹고도 실제 약이란 믿음을 가지면 치료효과를 발휘하는 플라시보 효과처럼 우리의 신념과 믿음 또는 고정관념이 얼마나 큰 위력을 발휘할 수 있는지를 보여 준다.

긍정적인 믿음이 긍정적으로 작용한다면, 부정적인 믿음은 부정적으로 작용할 것이다. 여러분은 어떤 믿음을 가지고 있는가? 긍정의 힘을 믿는다면 여러분은 이미 성취한 것이나 다름없다.

애국가를 작곡한 안익태

애국가의 작곡가 안익태 선생은 어려서부터 이런 자성예언을 했다고 한다. "나는 반드시 세계적인 교향악단을 지휘하겠다."라고. 요즘이야 세계를 무대로 활약하는 음악가가 많아졌지만, 당시의 우리나라 여건으로는 거의 불가능한 일이었다. 1906년 평양 근교에서 출생, 평양 숭실학교 2년 항일운동으로 중단, 동경의 국립음악학교에서 첼로를 전공, 미국에 도착하여 신시내티 음악대학, 필라델피아 음악대학, 커티스 음악원을 거쳐 독일로 갔다. 미국에서 적어두었던 가사에 곡을 붙여 애국가를 지어 1936년 손기정 선수가 마라톤에서 우승을 한 베를린 올림픽 때는 공식석상에서 처음으로 애국가를 불렀다. 선생은 계속 비엔나 등지에서 작곡과 지휘를 공부하여 세계적으로 유명한 교향악단을 무려 230여 회나 지휘하였다. 자성예언을 이루어 낸 것이다.

-EBS 교육방송 중에서-

도미노 피자의 창업자 토머스 모너건

세계적으로 유명한 도미노 피자의 창업주 타미는 미국 미시간 주의 한 고아원에서 소년시절을 보냈다. 그리고 중학생이 될 무렵 한 가정으로 입양되었지만 학교에서 여러 번 사고를 치는 바람에 퇴학처분을 받았다. 교문을 나서면서 타미는 고아원 시절 자신을 많이 사랑해 주셨던 한 수녀님의 말씀을 떠올렸다. "하느님은 너를 절대로 버리시지 않는다. 그러니 절망하지 말거라. 타미야, 너는 큰 별을 따게 될 거야. 최선을 다해 노력해 보렴."
그 후 타미는 수녀님의 말씀을 기억하면서 새롭게 용기를 내 피자 가게에 취직했다. 우선 밀가루 반죽법부터 배웠고, 열심히 노력한 끝에 피자 한 판을 11초 만에 반죽하는 숙련자가 되었다. 결국 그는 전 세계 피자 체인점으로서 랭킹 2위인 도미노 피자의 창업주가 되었다.

-인터넷 블로그 중에서-

√ 나의 자화상

현재의 어려움을 견디고 참아 낼 수 있는 것은 미래에 대한 기대와 소망을 갖고 있기 때문이다. 그 소망이 얼마나 중요한 것이냐에 따라 어려움을 참아 낼 수 있는 힘도 그만큼 커진다. 중요하지 않은 일을 위해 자신의 인생과 목숨을 거는 사람은 없듯이, 공부를 하는 이유를 갖지 않으면 노력을 기울이기 어렵다.

길고 힘겨운 학업의 과정을 잘 밟아 나가기 위해서는 우선 자신이 무엇을 원하고 있는지, 그것이 얼마나 중요하고 가치가 있는 것인지 확인해야 한다.

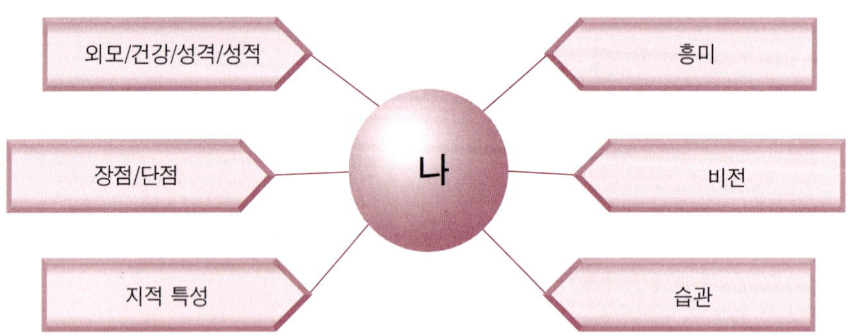

√ 나의 좌우명

다음은 한국 최고경영자들의 좌우명이다. 여러분의 좌우명은 무엇인가? 삶의 지침이자 등대가 되는 좌우명을 적어 보자.

나의 좌우명 : ______________________________

____

- 경청(이건희 삼성그룹 회장)
- 땅속의 씨앗은 자기의 힘으로 무거운 흙을 들치고 올라온다.(이승훈 마산자기회사 창업주)
- 한 번 사람을 믿으면 모두 맡겨라.(구인회 LG그룹 창업주)
- 부지런한 사람이 성공한다.(박용호 두산그룹 회장)
- 시련은 있어도 실패는 없다.(정주영 현대그룹 전 회장)
- 남과 같이 해서 남 이상 될 수 없다.(김인득 벽산그룹 창업주)
- 스스로 쉬지 않고 노력한다.(김종희 한화그룹 전 회장)
- 겉치레를 삼가고 실질을 추구한다.(신격호 롯데그룹 창업주)
- 모든 일에 정성을 다하자.(김재철 동원그룹 회장)
- 인화가 제일 중요하다.(김성곤 쌍용그룹 창업주)
- 아직 배가 12척이나 있고 저는 죽지 않았습니다.(윤병철 우리금융그룹 회장)
- 크고자 하거든 남을 섬겨라.(정건섭 동양화재 대표)
- 우주는 무한하고 인생은 짧다.(이방주 현대산업개발 대표)
- 효도는 모든 행동의 근본이다.(박찬법 아시아나항공 대표)
- 가르치고 배우면서 서로 성장한다.(강영중 대교그룹 창업주)
- 디지털 세상에 선을 창조한다.(김남주 웹젠 대표)
- 넓고 깊게 안다.(이승한 삼성테스코 대표)
- 가는 곳마다 주인이 되어라.(신호주 코스닥증권시장 사장)
- 기업은 사회를 위해 존재한다.(유일한 유한양행 창업주)
- 의가 아닌 것은 취하지 말라.(박정구 금호그룹 전 회장)
- 충분히 생각하고 단호히 실행하라.(김영수 캐드콤 대표)
- 깊은 강은 소리를 내지 않는다.(배종렬 삼성물산 대표)
- 약속은 꼭 지킨다.(구본무 LG그룹 회장)
- 남보다 먼저 시간을 더 투자할 각오를 한다.(안철수 안철수연구소 대표)
- 하면 된다.(김태연 TYK그룹 회장)
- 원칙이 곧 지름길이다.(배중호 국순당 대표)
- 실천이 중요하다.(최태원 SK회장)
- 하루하루를 새롭게 하고 또 나날이 새롭게 하라.(조운호 웅진식품 대표)
- 정성을 다해 노력한다.(서경배 태평양 대표)
- 꿈꾸는 자만이 자유로울 수 있다.(김범수 NHN 대표)

–한국 최고경영자 100인의 좌우명 중에서–

○ 여러분의 삶에서 중요한 것은 무엇인가? 왜 그것이 중요하다고 생각하는가?

나에게 중요한 것은 첫째, ______

그 이유는 ______

나에게 중요한 것은 둘째, ______

그 이유는 ______

나에게 중요한 것은 셋째, ______

그 이유는 ______

○ 여러분이 부모님이나 교수님께 듣고 싶은 말은 무엇인가?

______

√ 긍정적으로 표현하기

무심코 '나는 재수가 없어.' '내가 그렇지 뭐.' '난 뭐를 해도 안 돼.'라고 말하고 있는가? 아니면 '나는 반드시 잘될 거야.' '나는 성공할 수 있어.'라고 말하고 있는가? 우리는 많은 사람들과 대화를 하며 다른 사람으로부터 영향을 받으며 변화해 왔다. 어떤 날은 여러 사람을 만나 이야기할 때도 있지만 반대로 어떤 날은 아무와도 대화를 나누지 못할 때도 있다. 하지만 자신과의 대화는 하루도 빠지지 않고 이루어진다. 그렇다면 자신과의 대화에서 긍정적 자기암시를 통해 스스로를 변화시키는 것이 가능하지 않을까?

○ 아래 제시된 예시문을 소리 내어 세 번씩 읽어 보자.

- 나도 잘할 수 있어.
- 내 미래는 밝을 거야.
- 나를 인정해 주는 사람을 만날 거야.
- 나는 행복한 가정을 만들 거야.
- 사람들은 나를 좋아해.
- 나는 점점 멋있어질 거야.
- 언제든지 기회는 올 거야.
- 나는 나를 사랑해.
- 나는 노력한다면 뭐든지 할 수 있어.
- 모든 것에 감사해.
- 나는 참 행복해.
- 나의 길을 찾을 거야.
- 나는 나를 끝까지 믿어.
- 뭔가 좋은 일이 일어날 거야.
- 내일은 오늘과 다를 거야.
- 내 분야에서 최고가 될 거야.
- 내가 발견하지 못한 나만의 재능이 있을 거야.
- 사람들에게 필요한 사람이 될 거야.
- 잘 배우면 반드시 성공할 거야.
- 오늘 여기서 만난 사람은 나를 변화시키는 데 도움이 될 거야.

○ 위의 예시문을 친구를 주어로 바꾸어 읽어 주자. 한 사람이 '나도 잘할 수 있어.'라고 말하면 상대방은 '그래 넌 잘할 수 있을 거야.'라고 동조하는 표현으로 반응한다.

☑ 나의 성취예언서

자신의 꿈을 구체적으로 그릴 수 있으면 현실이 된다고 한다. 여러분이 바라는 자신의 모습은 어떤 것인가? 아래 제시된 예시문을 참조하여 자기성취예언서를 작성해 보자.

- 나는 어디서나 필요한 사람이다.
- 나는 내 인생의 주인공이다.
- 나는 할 수 있다.
- 나는 목표가 있다.
- 나의 목표는 (   )이다.
- 나는 무엇이든 끝까지 열심히 한다.
- 나는 언제나 밝게 웃는다.
- 나는 할 일을 찾아서 한다.
- 나는 결과에 집착하지 않고 과정에 최선을 다한다.
- 나는 나 자신을 다스릴 수 있다.
- 나는 참을성이 있다.

나는 ______

나는 ______

나는 ______

나는 ______

나는 ______

○ 작성한 자기성취예언서를 소리 내어 3번씩 읽어 보자.

○ 친구들과 서로 바꾸어 예언서를 읽어 보자.

3. 내적 귀인 연습

실패사례로부터 배우기 위해서는 내적 귀인을 해야 한다. 성공이나 실패의 원인이 통제할 수 있는 자신의 행동결과(사전지식의 부족, 부적절한 학습전략의 사용, 이해점검의 실패, 노력 부족 등)라고 믿을 때 사람들은 문제해결을 위해 노력을 기울이기 때문이다.

○ 다음에 주어진 상황에 대해 내적, 외적 귀인을 해 보자.

- 다이어트에 대한 스트레스

  (외적) 유전적으로 살이 찌는 체질이다.

  (내적) 술을 마실 때 안주를 많이 먹고 과식을 많이 한다.

- 과제에 대한 스트레스

  (외적) ______

  (내적) ______

- 시험에 대한 스트레스

  (외적) ______

  (내적) ______

- 영어/한자공부에 대한 스트레스

(외적) ______

(내적) ______

- 친구들에 대한 스트레스

(외적) ______

(내적) ______

○ 최근에 경험한 실패사례를 떠올려 보고 그 원인에 대해 내적으로 귀인해 보자.

4. 학습의욕과 집중력을 높이는 방법

학습의욕이 떨어지면 공부에 집중하기 어렵다. 외적인 요소에 귀인하지 말고 능동적으로 학습의욕을 높이려는 노력이 필요하다. 효과적으로 학습의욕과 집중력을 높일 수 있는 방법은 무엇인지 생각해 보자.

○ 학습의욕이 떨어질 때면 어떻게 극복하는가? 자신의 노하우와 친구의 노하우를 비교해 보자.

나	친구
• 긍정적인 친구와 대화한다.	•
•	•
•	•
•	•
•	•

○ 수업 중에 다른 생각이 떠오르거나 집중력이 떨어지면 어떻게 극복하는가? 자신의 노하우와 친구의 노하우를 비교해 보자.

나	친구
• 바른 자세로 앉는다.	•
•	•
•	•
•	•
•	•

Tip 집중력 향상에 도움을 주는 음악

• 모차르트 음악
- 교향곡 25번 G단조 K.183 중 알레그로 콘 브리오
- 클라리넷 오중주 A장조 K.581 중 라르게토
- 피아노 협주곡 23번 A장조 K.488 중 아다지오
- 2대의 피아노를 위한 소나타 D장조 K.488 중 안단테
- 피아노 소나타 C단조 K.457 중 아다지오
- 바이올린 협주곡 3번 G장조 K.216 중 알레그로
- 네 손을 위한 피아노 소나타 D장조 K.381 중 안단테
- 교향곡 42번 C장조 '주피터' K.551 중 몰토 알레그로
- 피아노 변주곡 21번 2악장

• 기타
- 마스카니, 오페라 카발레리아 루스티카나 중 중간곡
- 베르디, 오페라 나부코 중 히브리 노예들의 합창
- 엘가, 사랑의 인사
- 파 헬벨, 캐논 변주곡
- 헨델, 사라방드
- 마스네, 타이스 명상곡
- 비발디, 사계
- 드뷔시, 달빛

11 스트레스에 대처하기

My Portfolio

누구나 스트레스 때문에 고통을 받아 보았을 것이다. 스트레스가 쌓일 때는 모든 일이 뜻대로 되지 않고, 자신의 능력을 제대로 발휘하지 못하는 경우가 많다. 하지만 스트레스를 잘 관리하였을 때는 오히려 일의 능률과 긴장감을 갖고 더 많은 일을 하는 경우도 있다.

스트레스에 효율적으로 대처하는 데 도움이 되는 방법 중 하나는 자신의 스트레스를 정확히 진단하고 이에 현명하게 대처하는 방법을 익히는 것이다. 스트레스에 잘 대처한다는 것은 자신을 잘 관리하는 능력(self leadership)에 속한다. 어떤 면에서는 스트레스에 잘 대처하는 것이 어려운 것처럼 보이지만, 자신의 스트레스를 정확히만 인식해도 이에 잘 대처할 수 있는 실마리를 찾을 수 있다.

구체적으로 스트레스에 대처하기 위해서 스트레스에 대한 자신의 취약성을 평가해 보고, 자신은 어떻게 스트레스에 적응하는 유형인지 그리고 스트레스가 어느 정도인지를 측정해 봄으로써 나의 스트레스에 대처하는 방법을 찾아보자.

1. 스트레스에 대한 취약성 평가하기

스트레스에 취약하다는 것은 과다한 스트레스 공격으로부터 상처 입기가 쉽다는 것을 뜻한다. 과다한 스트레스에 의해 발생할 수 있는 취약성 정도를 알아보자. '스트레스에 대해 취약성 검사'는 장현갑, 강성군(1996)이 고안해 낸 검사이며, 여기에 그 내용을 발췌하여 싣는다.

이 검사는 각종 스트레스 요인에 대해 얼마나 잘 이겨내고 있는지를 알아보려는 것이다. 이 검사는 주관적이어서 검사를 받는 동안 일상생활을 반성해 볼 수 있는 기회를 가질 수 있으며, 나의 정신적 · 신체적 건강에 대해 평소 갖고 있는 관심도 알아볼 수 있다.

스트레스에 대한 취약성 검사

다음 질문에 대해 자기의 생각이나 행동이 '늘 그렇다'면 3점, '가끔 그렇다' 또는 '때때로 그렇다'일 경우는 1점, '거의 그렇지 않다'의 경우에는 0점을 준다.

1. 적절한 음식을 적당량 먹는다.
2. 점심 때 술을 마시지 않는다.
3. 일주일에 3번 정도는 땀이 날 정도로 운동을 한다.
4. 친구나 친척과 정기적인 계모임이나 동창모임을 갖는다.
5. 나의 성생활에 만족한다.
6. 적어도 한 가지 이상의 취미생활이나 규칙적으로 즐기는 흥밋거리가 있다.
7. 주말에는 일하지 않고 쉬거나 취미생활을 한다.
8. 규칙적으로 기도를 하거나 명상을 한다.
9. 하루에 커피, 차 또는 콜라를 5잔 이상 마시지 않는다.
10. 술보다 음료수를 더 좋아한다.
11. 일상생활 가운데 적당한 신체 에너지를 사용하는 일을 한다.
12. 규칙적으로 가족이나 친구들과 애정을 주고받는다.
13. 규칙적으로 성적 만족감을 취한다.
14. 매일 휴식시간을 갖는다.
15. 할 수 있는 일(현실적인 일)만 하며, 과도하게 일하지 않는다.
16. 나의 문제를 스스로 해결한다.
17. 나의 신장에 맞는 적절한 체중을 유지한다.
18. 혼자서는 술을 마시지 않는다.
19. 엘리베이터를 타기보다는 계단을 이용한다.
20. 부정적인 감정을 쌓아두기보다는 잘 표현한다.
21. 성적으로 무기력하거나 냉담하지 않다.
22. 적어도 일주일에 4일 정도는 7~8시간 잠을 잔다.
23. 결코 일이 나의 생활을 지배하도록 내버려두지 않는다.
24. 나 자신을 믿는다.
25. 음식에 소금을 많이 넣지 않는다.
26. 퇴근 후에 집에서는 술을 잘 마시지 않는다.
27. 규칙적인 운동 프로그램을 실천한다.
28. 아주 절친한 친구가 있어서 그들과 은밀한 문제를 논의할 수 있다.
29. 애정 있는 성관계를 갖는다.
30. 일주일에 적어도 한 번은 재미있는 일을 한다.

31. 나 자신의 개인적인 일에 대해 말을 많이 한다.
32. 내 마음이 평안하다는 느낌을 갖는다.
33. 매일 규칙적으로 식사하고 군것질을 하지 않는다.
34. 적당하게 술을 마시거나 전혀 마시지 않는다.
35. 매주 한 가지 이상의 운동을 한다.
36. 직장에서 나를 정서적으로 지지해 주는 동료가 있다.
37. 이성과 안정된 정서관계를 유지하길 좋아한다.
38. 나 자신을 즐겁게 할 수 있다.
39. 야간에는 일하지 않는다.
40. 어떤 일이나 어떤 것에 대해 깊은 소속감을 갖는다.
41. 규칙적으로 생수나 광천수를 마신다.
42. 하루 5개비 이하의 담배를 피우거나 아예 피우지 않는다.
43. 매일 산책하거나 길을 걷는다.
44. 친구로부터 도움을 구하거나 필요하면 전문적 충고를 받는다.
45. 거의 성적 좌절감을 느끼지 않는다.
46. 아무것도 하지 않고 시간을 보낼 수 있다.
47. 가정생활과 직장생활이 내게는 똑같이 중요하다.
48. 스트레스 상황을 극복하는 것을 배운 적이 있다.

취약성 프로파일							
A	B	C	D	E	F	G	H
1(　)	2(　)	3(　)	4(　)	5(　)	6(　)	7(　)	8(　)
9(　)	10(　)	11(　)	12(　)	13(　)	14(　)	15(　)	16(　)
17(　)	18(　)	19(　)	20(　)	21(　)	22(　)	23(　)	24(　)
25(　)	26(　)	27(　)	28(　)	29(　)	30(　)	31(　)	32(　)
33(　)	34(　)	35(　)	36(　)	37(　)	38(　)	39(　)	40(　)
41(　)	42(　)	43(　)	44(　)	45(　)	46(　)	47(　)	48(　)

점수의 해석	점수의 의미
A: 건강식	• 각 요인당 최대 점수는 18점이며, 최소 점수는 0점이다. • 솔직하게 응답하여 각 요인당 15점 이상 얻었다면 스트레스를 잘 이기고 있다는 증거다. • 9점 이하를 얻었다면 스트레스에 대한 반응이 부정적인 것이다. 다시 한 번 질문지를 살펴보고 낮은 점수를 받은 문항을 재검토한다.
B: 금연, 금주	
C: 운동 프로그램	
D: 정서적 안녕감	
E: 성생활의 충족도	
F: 이완과 오락	
G: 가정과 직장의 균형	
H: 자기이해와 자기수용	

위의 검사결과에 대한 자신의 생각을 서로 이야기해 보자.

2. 스트레스 적응 유형

나는 스트레스 적응 유형 중에서 어디에 해당할까?

다음은 일상적인 행동에 있어 A유형과 B유형을 연속선상에서 나타내 보이는 척도다.

각 항목을 읽고 자신을 가장 잘 나타내는 번호를 ( ) 안에 써넣는다. 예를 들면, 약속시간에 거의 늦은 적이 없는 사람은 '7'을, 약속시간에 대해 별로 신경을 안 쓰고 늦는 경우도 많으나 정시에 가는 경우도 있으면 그 정도에 따라 '2' 혹은 '3'을 ( ) 안에 써넣는다.

1 2 3 4	5 6 7 8
B형	A형
( ) 약속시간에 대해서 태평이다.	한 번도 늦은 적이 없다.
( ) 경쟁적이 아니다.	아주 경쟁적이다.
( ) 급해도 서두르지 않는다.	항상 서두른다.
( ) 일을 순서대로 한다.	다음에 할 일을 앞질러 생각한다.
( ) 일을 천천히 한다.	일을 빨리하며 식사, 걸음걸이도 빠르다.
( ) 자신의 느낌에 대해서 잘 말한다.	자신의 느낌을 잘 말하지 않는다.
( ) 다방면에 흥미를 갖고 있다.	공부(일) 이외에 별로 취미가 없다.
	합계 ( )점

합계가 구해지면 그 점수에 3을 곱하여 다음의 점수표를 보고 자신은 어느 유형에 해당하는지 판단해 보자.

점수	유형
• 90점 미만	강한 B유형
• 90~99점	약한 B유형
• 100~105점	약한 A유형
• 106~119점	보통 A유형
• 120점 이상	강한 A유형
• 나의 유형은 (	)

자료: 최애경(2006). 인간관계의 이해와 실천. 청람, p. 247

3. 한국인의 생활변화 스트레스 척도

〈일반인〉

생활변화사건	생활 변화치
자식 사망	74
배우자 사망	73
부모 사망	66
이혼	63
형제자매 사망	60
혼외 정사	59
부모의 이혼, 재혼	53
별거	51
해고, 파면	50
정든 친구의 사망	50
결혼	50
징역	49
결혼약속	44
중병, 중상	44
사업의 일대 재정비	43
직업 전환	43
정년퇴직	41
해외취업	39
유산	38
임신	37
입학시험, 취직실패	37
자식의 분가	36
새 가족 등장	36
가족 1명의 병	35
성취	35
주택, 사업, 부동산 매입	35
정치적 신념의 변화	35
시댁, 처가, 친척과의 알력	34
학업의 시작, 중단	34

〈대학생〉

생활변화사건	생활 변화치
가까운 가족의 사망	100
수감	80
대학의 첫해나 마지막 해	63
임신(자기나, 자기에 의해)	60
심각한 개인적 질병 혹은 부상	53
결혼	50
인간관계문제	45
경제적 어려움	40
가까운 친구의 죽음	40
룸메이트와의 언쟁(이틀에 한 번 이상)	40
가족과의 의견 불일치	40
개인적 습관에서의 변화	30
환경의 변화	30
직업의 시작 또는 끝냄	30
선배나 교수와의 문제	25
뛰어난 개인적 성취	25
학점 취득의 실패	25
시험	20
데이트의 증가나 감소	20
공부조건의 변화	20
전공에서의 변화	20
수면습관에서의 변화	18
며칠간의 휴강	15
식사습관의 변화	15
가족과의 재회	15
여가활동의 변화	15
가벼운 질병이나 부상	15
가벼운 법률 위반	11

(이재창, 1998)

앞의 해당 척도의 표를 보고 지난 12개월 동안 나에게 일어난 사건들을 각각에 체크하고 그것에 해당하는 점수들을 더해 보자.

점수 해석
• 100점 이하: 현재 내가 직면하고 있는 변화의 양은 높지 않다. 최근의 생활사건 변화로 과다한 긴장을 느끼지 않고 있다는 것이다.
• 101~250점: 이 범위 내에서 높은 점수를 받으면 받을수록 높은 압력을 경험한 셈이다. 점수가 250에 가까우면 지난해 꽤 심한 변화를 겪은 것이다.
• 251점 이상: 지난 12개월 동안 생활에 큰 변화를 경험한 것이 분명하다. 이런 경우는 다른 생활의 변화를 줄이거나 없애는 것이 좋다.

한국인의 생활변화 스트레스 척도표에 나타난 것 이외에 삶의 변화를 경험한 생활사건을 아래에 적어 보자.

4. 스트레스 정도 측정

나는 지금 어느 정도의 스트레스를 받고 있는지 점검해 보자.

다음의 일상적인 증상 중 자신에게 해당되는 것에 체크해 보자.

문항	전혀 그렇지 않다 (0점)	약간 그렇다 (1점)	대체로 그렇다 (2점)	매우 그렇다 (3점)
1. 쉽게 짜증이 나고 기분의 변동이 심하다.				
2. 피부가 거칠고 각종 피부질환이 심해졌다.				
3. 온몸의 근육이 긴장되고 여기저기 쑤신다.				
4. 잠을 잘 못 자거나 깊은 잠을 못 자고 자주 깬다.				
5. 매사에 자신감이 없고 자기비하를 많이 한다.				
6. 별다른 이유 없이 불안 초조하다.				
7. 쉽게 피로감을 느낀다.				
8. 매사에 집중이 잘 안 되고 일의 능률이 떨어진다.				
9. 식욕이 없어 잘 안 먹거나 갑자기 폭식을 한다.				
10. 기억력이 나빠져 잘 잊어버린다.				
총점				

- 0~5점 이하: 거의 스트레스를 받고 있지 않음
- 6~10점: 약간 스트레스를 받고 있음
- 11~15점: 비교적 스트레스가 심한 편이므로 스트레스를 줄이기 위한 대책이 필요함
- 16~20점: 심한 스트레스를 받고 있으므로 신체상태에 대한 정기적인 검진과 더불어 스트레스를 줄이기 위한 적극적인 대책이 필요함
- 21점 이상: 매우 심한 스트레스를 받고 있으므로 당장 전문의를 찾아야 함

자료: 양창삼(2005). **인간관계의 이해**. 창지사, p. 60.

5. 왜곡된 생각 찾기

왜곡된 생각의 핵심을 빨리 포착할 수 있는 간단한 방법이 있다. 일단 종이 한 장과 펜을 준비한다. 그리고 대학생활에서 정말로 꼭 이루고 싶은 소망 한 가지를 적는다. '이번 학기 전액 장학금을 타고 싶다.' 등 소망을 적은 다음 왜 그 일을 이루어 내지 못하리라고 생각하는지 이유를 적어 본다. 무작정 떠오르는 대로 적지 말고 목표를 성취하는 데 정말로 방해가 된다고 생각되는 사항을 적는다.

다음의 내용 중 몇 개를 선택하여 출발점으로 삼아 보자(예시).

- 나는 똑똑하지 않다.
- 나는 재능이 없다.
- 나는 한 가지 일에 오래 몰두하지 못한다.
- 나는 장학금을 탈 만한 능력이 없다.
- 경쟁이 너무 심하다.
- 지금까지 전액 장학금을 탄 적이 없으니 이번에도 탈 것이라는 보장이 없다.

다 적었으면 이제 생각을 180도 전환시킬 차례다. 종이에 적은 부정적인 생각과 단어들을 하나하나 반박해 보자. 자신의 경험 속에서 부정적인 생각이 아닌 반대의 경우를 생각해 보자. 예를 들어, '나는 똑똑하지 않다.'라는 것에 대해서 언젠가 똑똑하다고 칭찬을 들었던 때를 상기해 보자. 나머지 내용도 이렇게 정리하면 부정적인 생각이 긍정적인 확신으로 조금씩 변하게 될 것이다. 물론 오랫동안 굳어 있던 부정적인 확신을 금방 바꿀 수는 없다. 하지만 이 방법을 사용하면 적어도 대학생활을 가로막는 일들이 무엇인지 알게 된다. 그리고 그 장애물을 치워버리는 데도 도움이 될 것이다.

6. 감사의 일기 쓰기

마음의 중심을 찾아내고 스트레스를 이해할 수 있는 방법 가운데 하나로 '감사의 일기(a thinking journal)'를 쓰는 방법이 있다. 감사보다는 항상 부족하다는 의식, 더욱이 자칫 인생의 낙오자가 될 수 있다는 불안감이나, 이미 나는 뒤처져 있다는 열등감과 패배감으로 자신의 하루하루를 더 나쁜 상황으로 만들 수 있다. 이는 시작부터 무겁게 시작했기 때문이다. 감사의 일기는 하루를 마감하면서가 아니라 시작하면서 쓰는 일기다. 열매를 얻으려면 처음부터 긍정의 씨앗을 심어야 한다. 자신의 마음속에 긍정적이고 낙관적인 미래를 가득 채울 수 있는 일을 생각하면서 하루를 시작해 보자.

다음의 내용 중 몇 개를 선택하여 출발점으로 삼아 보자(예시).

1. 내 인생을 긍정적인 방향으로 바꾸어놓은 사람들을 떠올린다.
2. 내가 잘할 수 있는 일이나 '난 이래서 내가 좋아!'라고 생각하는 항목을 적어 본다.
3. 사랑하는 감정이나 어려운 과제를 해결한 기쁨에 심장이 터져버릴 것 같던 순간을 떠올린다.
4. 내가 마음의 안정을 느끼는 장소는 어디인지 그리고 누구와 함께 있을 때 그랬는지를 생각해 본다.

이와 같이 감사하는 마음을 안겨주는 일을 한두 가지씩 생각하면서 하루를 시작해 보자. 여러분의 하루가 바뀔 것이다. 인생을 불안으로 채우지 마라. 인생은 소중한 것이다. 지금 감사하는 마음을 적어 보자.

12 효과적인 프레젠테이션 기법

My Portfolio

프레젠테이션은 전문가들만이 갖고 있는 특별한 기술이 아니다. 자신의 생각이나 아이디어나 경험 등의 제반 정보를 상대방에게 전달하고 설득하는 행위를 의미한다. 자신이 전달하고자 하는 내용을 잘 이해하고 있고 준비가 잘 되었다면 어느 정도 자신감을 갖게 될 것이다.

성공적인 프레젠테이션을 하기 위한 준비 작업을 시작해 보자.

1. 학습내용 점검하기

앞 장에서 제시한 내용을 숙지한 뒤 프레젠테이션에 관한 학습을 마치고 다음의 사항을 학습하였는지 점검해 보자.

☑ 프레젠테이션을 위한 자세

- 프레젠테이션을 시작할 때 친숙한 분위기를 조성할 수 있는가?
- 프레젠테이션의 목적을 파악함으로써 그 프레젠테이션의 필요성을 이해하게 되었는가?
- 앞으로 프레젠테이션을 수행할 때 적극적이고 긍정적인 자세로 참여할 수 있는가?

☑ 프레젠테이션 분석

- 프레젠테이션의 목적을 명확하게 기술할 수 있는가?

- 청중의 특성을 파악할 수 있는가?
- 프레젠테이션을 위한 환경을 점검할 수 있는가?

√ 성공적인 프레젠테이션의 필수요소

- 효과적인 프레젠테이션의 구성요소를 설명할 수 있는가?
- 프레젠테이션의 구성요소에 적합한 예를 작성할 수 있는가?

√ 설득력 증진

- 프레젠테이션의 설득력을 높이기 위한 질문의 처리기법을 설명할 수 있는가?
- 청중의 질문과 반대의견을 효과적으로 처리할 수 있는가?
- 프레젠테이션의 시각적, 청각적 요소를 파악하고 표현할 수 있는가?
- 설득력을 높이기 위한 언어적, 비언어적 표현을 이해하고 있는가?

√ 최종 마무리

- 자신이 습득한 지식과 기술과 태도를 발표할 수 있는가?
- 자신의 프레젠테이션에 대하여 스스로 평가하고 개선할 수 있는가?
- 습득한 지식에 근거하여 다른 사람의 프레젠테이션을 분석하고 평가할 수 있는가?

2. 프레젠테이션을 위한 점검

프레젠테이션에 앞서서 준비할 사항을 정리해 본다. 특히 프레젠테이션의 목적이 무엇인지, 발표장의 상황은 어떠한지, 핸드아웃(handout), 발표를 위한 기자재 등을 꼼꼼히 점검해야 한다. 아래의 사항을 점검해 보고 프로그램을 주관하는 주최측에 요청할 사항이 무엇인지도 미리 검토해두도록 하자.

1. 나의 프레젠테이션을 듣는 청중은 누구인가? 어떤 영역에서 일하는 사람인가? 혹은 어떤 직업을 가진 집단인가?

2. 청중은 나의 프레젠테이션을 통하여 무엇을 듣고 배우기를 기대하고 있는가?

3. 자신의 프레젠테이션의 목적은 무엇인가?

4. 발표의 주제는 무엇인가?

5. 발표시간과 발표장소(대형 강의실/세미나실/강당 등)를 구체적으로 적어 보자.

6. 발표를 수행할 본 프로그램은 어떤 형태로 진행할 예정인가?(학회/공청회/수업발표 등)

7. 발표자료는 자신에게 주어진 발표시간에 알맞도록 적절하게 준비되었는가?

8. 자신 외에 발표에 참여하는 사람은 누구이고, 다른 발표자의 주제는 무엇인가?

9. (질문시간이 마련되어 있다면) 질문시간은 어느 정도로 예상하고 있는가? 할당된 질문시간에 맞추어 예상질문도 작성해 보자.

10. 프로그램의 진행자가 나를 소개하게 된다면 다음의 사항을 미리 작성하여 제출하도록 하자.

이름:

소속:

관련 영역의 경력:

11. 발표에 필요한 핸드아웃과 발표를 위하여 필요한 기자재는 무엇인가?

3. 프레젠테이션 분석을 위한 평가지

프레젠테이션 자가평가지

작성자 소속 : ____________ 이름 : ____________

관찰 영역	관찰 항목	강한 부정	…	보통	…	강한 긍정
		1	2	3	4	5
언어적 표현	• 목소리 크기가 적절한가?					
	• 말하는 속도가 적절한가?					
	• 발음이 정확한가?					
	• 내용에 따라 목소리에 변화가 있는가?					
비언어적 표현	• 얼굴표정은 부드러운가?					
	• 모든 청중에게 골고루 시선을 주는가?					
	• 몸동작이 의도적이고 자연스러운가?					
	• 서 있는 자리를 적절히 옮겨주는가?					
	• 긍정적인 느낌을 줄 수 있는 태도를 취하는가?					
PT 진행	• PT에 열의가 느껴지는가?					
	• PT의 속도와 흐름은 적절한가?					
	• 시간 조절을 잘 하고 있는가?					
내용 구성	• PT 시작에서 목표를 명확하게 제시하였는가?					
	• 청중의 호기심을 유도하는가?					
	• 전달하고자 하는 내용을 명확하게 설명하였는가?					
	• 중요한 내용을 부각하는가? (요약, 정리)					
	• 끝맺음이 있는가?					
시각 자료	• 자료의 양은 적절한가?					
	• 말하는 내용을 보완하고 있는가?					
	• 자료의 글씨 혹은 그림이 시각적 효과를 주는가?					
	총점					

☑ 프레젠테이션 때 자신의 장점이라고 생각되는 점을 세 가지 이상 찾아보자.

☑ 시급히 개선해야 할 자신의 단점을 세 가지 정도 적어 보자.

⇨ 프레젠테이션 능력은 기술(technic)이다. 따라서 관심과 연습에 의해 꾸준히 향상될 수 있다!!!

13 영어능력(영어 글쓰기, 프레젠테이션) 향상하기

My Portfolio

글쓰기를 직업으로 하는 전문 작가라 할지라도 계획하고 초고 쓰고, 이를 다시 수정하는 일을 반복한다. 영어로 표현된 글쓰기 혹은 말하기 능력을 향상시키려면 일단 영어로 단일한 문장을 여러 번 써 보도록 하자. 문장의 기본 구조를 가지고 큰 개념을 서술하는 연습을 충분히 한다면 나중에 복잡한 구조를 가진 문장으로 통합시키기 쉽다.

1. 영어 프레젠테이션을 위한 글쓰기 연습

영어로 작성된 글은 프레젠테이션이나 발표를 위한 문장으로 적절하지 않는 경우가 있다. 문어적 표현과 구어적 표현에 다소 차이가 있기 때문이다. 구어적 표현은 긴 문장으로 시작되는 절(clauses)이나 6음절(six-syllable words) 이상으로 된 문장으로 시작하지 않는 것이 좋다. 듣는 사람은 40단어 이상으로 구성된 문장은 이해하기 어렵다. 긴 문장으로 표현할 경우에는 반드시 쉼표(pause)를 주어야 한다.

아래의 표는 구어적 표현과 문어적 표현 사이에서 볼 수 있는 차이점을 제시한 것이다. 표에 제시된 사항을 참고하여 신문기사의 일부를 구어적 표현으로 전환해서 작성해 보자.

Written language	Spoken language
• long sentences	• shorter sentences
• complex vocaburary	• simple vocaburary
• complex arguments	• simpler arguments
• impersonal style	• personal style

〈예시문〉

Here's a sentence from The Washington Post that was, of course, written for the eye. Write it as if you were talking to your friend over the back fence.

Example:

An unexpected surge in employment last month paradoxically sent the stock and bond markets into a tailspin yesterday, as traders pushed aside the good news and focused instead on the likelihood that a stronger economy could mean higher interest rates.

You rewrite:

Possible Answer, written for the ear:

There was an unexpected rise in employment last month, which caused stock and bond prices to fall. Experts say the higher employment figures could mean higher interest rates.

2. 영어 프레젠테이션을 위한 문서 작성

프레젠테이션을 위한 자료를 구성하기에 앞서서 다음에 제시된 사항을 구체적으로 작성해 보도록 하자.

Outline for a presentation

Objective

Open

Transition

1. Point

Stories/Example(s)

Transition

2. Point

Stories/Example(s)

Transition

3. Point

Stories/Example(s)

Transition: "I've given you a lot of information–I want to hear what's on your mind …"

Question–and Answer Segment

Transition

Close

In Conclude

3. 영어 프레젠테이션 점검을 위한 평가지

Checklist for presentation						
Area	Criteria	very bad		aver-age		very good
		1	2	3	4	5
Overall	• Does he consider the audience?					
	• Does he have clear objectives (to inform, to amuse, to persuade, to train)?					
System	• Is his presentation well prepared?					
	• Is there a clear structure (beginning, middle, end)?					
	• Does he link the parts together?					
	• Is the content relevant and interesting?					
	• Has he considered the timing?					
Delivery	• Does he speak clearly?					
	• Does he speak at the right speed?					
	• Does he use appropriate language?					
Body language	• Does he use her body to emphasize meaning?					
	• Does he maintain eye contact with the audience?					
	• Does he appear confident and positive?					
Visual aids	• Are the visual aids clear?					
	• Do they support his message?					
	• Does he use the equipment professional?					
	Total					

14 시험관리전략

My Portfolio

좋은 학점을 받기 위해서는 평소에 수업에 대한 예습 · 복습을 밀리지 않고 하면서 시험에 철저히 대비하는 것이 중요하다. 그리고 시험에 임박해서는 주어진 시간과 노트를 조직적으로 활용하면 평소에 쌓아 왔던 노력이 한층 더 빛을 발할 수 있을 것이다. 나의 시험불안 정도를 측정해 보고, 실제 시험에서 효과적으로 답안을 작성하는 방법을 찾아보자.

1. 시험불안 정도 측정

학생들은 시험을 앞두고 누구나 한 번쯤 시험불안을 경험해 본 적이 있을 것이다. 시험날짜가 다가올 때, 시험 당일에 또는 시험을 보는 도중에 불안, 초조함을 느끼거나 가슴이 두근거리고 진땀이 나는 등의 신체적 증상을 경험하곤 한다. 아래의 표를 활용하여 평소 자신의 시험불안 정도를 측정해 보고 이러한 불안요소를 없애기 위한 방법을 찾아보자.

문항	항상 그렇다	자주 그렇다	가끔 그렇다	거의 그렇지 않다	전혀 그렇지 않다
1. 시험을 보기 전이나 시험을 보는 동안 손에 땀이 나는 경우가 많다.					
2. 시험을 보는 동안 가끔 시야가 흐려진다.					
3. 시험문제 중에는 내가 잘 풀지 못하는 함정 문제들이 종종 출제되곤 한다.					

4. 나는 시험점수 이상으로 시험문제와 관련된 주제에 대해 더 많이 알고 있는 경우가 종종 있다.					
5. 일정한 시간 동안에 능력을 발휘해야 하기 때문에 시험은 불공평하다고 생각한다.					
6. 시험을 보는 동안 시험을 잘 보지 못하면 어떤 일이 일어날 것인가에 대해 걱정한다.					
7. 열심히 공부하지만 시험점수는 썩 좋지 않은 편이다.					

2. 시험을 치른 이후 시험에 대한 경험 평가

실제로 시험을 치른 이후에 자신의 시험준비 및 실전 경험을 아래 표를 활용하여 평가해 보고 이에 대한 개선방안을 찾아보자.

문항	5	4	3	2	1
1. 해당 과목에 대해 얼마나 알고 있었는가?					
2. 자신이 한 복습의 양					
3. 자신이 한 복습의 질					
4. 바로 전날 밤 얼마나 공부하였는가?					
5. 얼마나 침착하였는가?					
6. 얼마나 기억을 잘하였는가?					
7. 예상문제를 잘 추출하였는가?					
8. 얼마나 빨리 생각하였는가?					
9. 얼마나 빨리 썼는가?					
10. 글씨체가 얼마나 읽기 편하였는가?					
11. 질문을 얼마나 주의깊게 읽었는가?					
12. 시험시간 관리를 얼마나 잘하였는가?					
13. 얼마나 문제에 충실하게 답안을 작성하였는가?					
14. 얼마나 보기 편하게 답안을 작성하였는가?					
15. 자신이 쓴 답안을 다시 읽어 본 후, 얼마나 잘 수정하였는가?					

다른 학생들과 '시험불안을 없애는 방법'과 자기만의 '시험준비 및 실전전략'에 대해 토의하고 그 내용을 정리해 보자.

시험불안을 없애는 방법
•
•
•
•
•
•
•
나만의 시험준비 및 실전전략
•
•
•
•
•
•
•

3. 완벽한 답안 작성을 위한 훈련

☑ 기존 답안에 대해 다른 학생들과 토론해 본다

시험을 본 후에는 힘들었던, 더 이상 생각하기도 싫은 답안에 대해 친구와 깊이 검토하고 토론해 보는 사람은 거의 없을 것이다. 그러나 시험 후의 토론은 다음 시험을 위해 매우 의미 있는 시사점들을 제공해 줄 수 있다.

√ 예시 답안지를 읽어 보고 분석해 보면 답안 작성의 초점을 명확히 인식할 수 있다

다음에 예시한 두 답안을 읽어 보고 자신이 채점자가 되어 분석기준에 따라 점수를 매겨 보고 그 이유를 제시해 보자. 그러한 훈련을 통해서 혼자서도 답안 작성 요령을 구체적으로 터득할 수 있다.

답안내용을 분석하기 위한 기준 틀		
분석기준	답안 A	답안 B
1. 문제에서 묻고 있는 사항을 답이 모두 다루고 있는가?		
2. 답의 기술방식이 논리적이고 체계적인가?		
3. 문제에서 요구하고 있는 전문용어나 개념으로 답을 기술했는가?		
4. 필요한 단락 구분이 잘 되어 있는가?		
5. 답의 요지나 결론이 잘 나타나 있는가?		

다음의 두 가지 예시 답안을 위의 기준에 따라 평가해 보고, 강점과 약점을 파악해 보자.

[문제] 러시아 농노제도의 기원과 특성을 이야기하라.

예시 답안 A

러시아의 척박한 자연조건하에서 남부 초원지대에서는 밀을, 북부 삼림지대에서는 보리나 호밀, 귀리 등을 화전식으로, 그런 후에는 3포식 체제로 경작하는 러시아 농업은 환경에 대한 절대적인 노동력 부족의 상황이었다. 공동방위의 필요성이 그 성립에 중요한 요소인 키예프 공국의 구성 이후 국민의 절대다수는 농민인 스메르지였고, 그들의 '굴뚝과 쟁기'에 부가되던 세금은 침입 이후 인두세로 바뀌고, 마을 공동체 단위에 연대책임을 지우게 된다. 키예프 시대 때부터 부채를 갚지 못한 사람은 농노가 되었으나, 그것이 전 국민적으로 확대된 것은 모스크바 시대 이후다. 낮은 농업생산성과 과도한 조세부담으로 스스로의 땅을 버리고 수도원이나 보다 형편이 나은 대도시 소유자들의 농노로 전락해 가는 상황이 몽고지배 때부터 있었으며, 국가에 대한 봉사의 대가로 받는 파메스츠에를 가진 공직자들의 수입을 안정시키기 위해 농민의 이주와 도망간 농노에 제한을 두는 법들이 만들어지고, 이윽고 15세기 말엔 농민의 이주를 완전히 막는 법이 만들어져, 농민들은 땅에 속박되고 국민의 절대다수가 농노로 전락하게 된다.

예시 답안 B

키예프 공국 후기부터 러시아에서는 농민의 예속화 현상이 벌어졌다. 농민들이 지주에게 예속되는 현상은 이후 몽고 침입 등의 외침과 전쟁, 사회적 혼란으로 인해 가속화되는 경향이 있었다. 이러한 현상은 러시아에서 농노제가 발생하게 된 원인 중 하나로 볼 수 있다. 그러나 보다 근본적인 원인으로 국가의 역할을 고려하여야 한다. 러시아는 광활한 영토를 가지고 있음으로 해서 농지보다는 노동력이 상대적으로 가치를 지니고 있었다. 따라서 자연스러운 상태였다면 농민들의 지위는 보다 강화될 수 있는 여건이었다 할 수 있다(중세 말기 유럽에서 인구의 감소가 농민의 지위 향상을 가져왔던 예도 있었다).
그러나 당시 러시아는 전쟁을 수행하기 위해 군사적 봉사를 담당하는 계층에게 영토를 지급했고, 이 계층을 유지시키기 위해서는 영토 내의 노동력을 유지시켜야만 했다. 따라서 국가는 농민들이 보다 나은 조건을 찾아 이주하는 것을 금지하는 법령을 1694년에 제정하게 되었다. 이에 따라 농민들은 성 게오르기 축일 무렵에만 이주할 수 있게 되었으며, 농노들이 도주하였을 때 법령에 따라 그들을 강제로 귀환시킬 수 있었다.
이와 같은 일련의 조치들로 인해 농노제가 발생했고 농민들이 토지에 예속되는 결과를 낳았다. 유럽의 농노제가 농민과 지주의 쌍무적 계약, 즉 농노들이 지주에게 지대납부를 비롯하여 여러 가지 봉건적 의무를 수행하는 대신 지주는 농노를 보호해 주는 방식의 계약에 의해 발생되었다고 한다면, 러시아의 농노제는 군사적 필요성에 의해 발생되었다고 할 수 있다. 러시아에서의 농노제가 이처럼 군사적 목적 때문에 발생한 것이기에 군사적 충돌이 잦았던 남부, 남동부, 서부에서 농노제가 보다 철저하게 전개되었던 것에 비해 북부는 자유농의 비율이 많았다.

4. 논술형 답안 작성 연습

실제 논술형 시험을 치르기 전에 아래의 형식에 따라 내용을 간략히 채워 본다. 모든 논술형 답안이 이 형식을 완벽하게 따라야 할 필요는 없다. 이것은 논술형 답안을 작성할 때 하나의 골격으로 보면 된다.

Ⅰ. 서론

1) 도입문장:

2) 주제 설정의 계기:

3) 주제문:

Ⅱ. 첫째 단락

1) 중심 아이디어(주제문 지지):

2) 첫 번째 예:

3) 두 번째 예:

4) 세 번째 예:

5) 요약(결론적 논변):

Ⅲ. 둘째 단락

1) 중심 아이디어(주제문 지지):

2) 첫 번째 예:

3) 두 번째 예:

4) 세 번째 예:

5) 요약(결론적 논변):

Ⅳ. 셋째 단락

1) 중심 아이디어(주제문 지지):

2) 첫 번째 예:

3) 두 번째 예:

4) 세 번째 예:

5) 요약(결론적 논변):

Ⅴ. 결론

1) 주제의 재진술:

2) 요약:

3) 평가:

4) 결론 진술:

15 나만의 학습전략 개발하기

My Portfolio

의식하지 않더라도 누구나 공부할 때는 자신만의 방법을 사용한다. 그러나 그 방법이 효과적이지 못해 공부할 때마다 어려움을 겪는 학생들이 많다. 또한 고등학교 때까지 계획적인 생활을 하다가 대학교에 진학하고 나서 자유로운 생활과 아울러 자신이 스스로 계획해야 하는 삶을 살게 된 많은 학생들은 공부할 때 많은 어려움을 겪게 마련이다.

자유로워진 시간을 잘 이용하면서 자신에게 맞는 학습법을 찾아 효율적으로 공부하는 것이 중요하다.

나만의 학습전략

모든 사람에게는 자기만의 학습전략이 있습니다.
제가 공부할 때 가장 싫어했던 부분들은
"이렇게 하면 공부가 잘 되던데, 넌 왜 그렇냐?" 이런 말이었습니다.
중·고등학교 때 공부 좀 한다는 녀석들 보면 다들 그 방법은 제각각이었습니다.
물론 개인의 재능이나 지능 그리고 환경적인 영향이 다르기 때문입니다.
핵심에 접근하는 방법은 그만큼 많습니다.
보다 효율적이고 효과적인 방법이 무엇인지… 그 결론은 자신이 내려야 합니다.

-수필 같은 공인회계사 블로그 중에서-

1. 나의 학습전략 파악하기

나를 알고 적을 알아야 백전백승이라는 말이 있다. 나의 학습전략을 먼저 잘 파악하고 있어야 그것이 효과적인지, 어떤 점에서 개선할 필요가 있는지를 탐구할 수 있다. 대학생의 학습전략을 측정하기 위한 표준화된 검사가 국내에는 아직 개발되어 있지 않기 때문에 Wild와 Schiefele(1994)의 학습전략 검사도구를 통하여 나의 학습전략 사용 정도를 측정해 보도록 하자.

√ 아래 문항을 보고 자신의 행동에 대해 5단계 척도로 평가하여 기입해 보자.

문항	전혀 없음	거의 없음	가끔	자주	매우 자주
1. 수업내용을 좀 더 체계적으로 잘 파악하기 위해 표, 그래프 혹은 그림 등을 만든다.					
2. 수강하고 있는 교과목들의 내용이 서로 연관되는지를 생각해 본다.					
3. 지금 읽고 있는 글이 정말로 설득력이 있는지 스스로에게 물어본다.					
4. 학습내용을 반복을 통해 암기한다.					
5. 그 주제의 어떤 부분을 특히 중점적으로 공부해야 하는지 학습하기 전에 생각해 본다.					
6. 어려운 글을 읽을 때는 나의 학습기술을 늘어난 학습부담에 맞추려고 한다(예: 읽는 속도를 늦춤).					
7. 친구들과 함께 교재를 읽거나 숙제를 한다.					
8. 학습내용을 명확하게 이해할 수 없을 때에는 다른 참고문헌을 계속해서 찾아본다.					
9. 학습하고자 하는 분량을 결정했을 때 그것을 마치려고 노력한다.					
10. 공부할 때 집중력이 쉽게 떨어지지 않는다.					
11. 공부할 때는 학습시간표에 따라 한다.					
12. 공부할 때는 집중이 잘 되는 장소에서 한다.					
13. 교재를 읽을 때 모두 이해하지 못하면 부족한 부분을 찾아내어 보완한 후 다시 한 번 교재를 정독한다.					
14. 가장 중요한 내용을 요약하여 잘 기억나도록 한다.					
15. 공부한 내용에 관해 친구들과 토론하는 시간을 갖는다.					
16. 이해 못하는 전공용어가 있으면 사전을 찾아본다.					
17. 낯선 개념을 실제 현장에서 어떻게 적용할 수 있는지 생각해 본다.					

18. 교재에 서술된 이론이나 해석이 충분한 증거들로 뒷받침되어 있는지 검토해 본다.					
19. 필기한 것을 몇 번씩 반복하여 읽는다.					
20. 공부하기 전에 어디까지 해야 할지를 미리 결정한다.					
21. 학습할 내용에 흥미가 전혀 없어도 노력해 본다.					
22. 하고 있는 일에 잘 집중한다.					
23. 언제 공부해야 할지에 대해 시간을 결정한다.					
24. 공부할 때 가능한 한 산만해지지 않도록 환경을 조성한다.					
25. 필기내용을 정독한 후 가장 중요한 요점들로 정리한다.					
26. 필기한 것을 친구들의 것과 비교해 본다.					
27. 정보가 부족하면 다양한 출처들(예: 강의노트, 교재, 학술지 등)을 찾아본다.					
28. 새로운 개념이나 이론을 내가 이미 알고 있는 것들과 연결지으려고 시도해 본다.					
29. 교과서에 수록된 주장이나 결론에 대한 다른 대안들이 있을 수 있는지 깊이 생각해 본다.					
30. 시험에서 중요한 내용을 잘 기억해 내기 위해 주요 개념들을 암기한다.					
31. 공부를 하기 전에 어떻게 하면 가장 효율적으로 할 수 있을지에 대해 생각해 본다.					
32. 학습내용이 너무 어렵거나 복잡해도 포기하지 않는다.					
33. 공부할 때는 주의력이 한 곳에 잘 집중된다.					
34. 매일 몇 시간 공부해야 할지에 대해 계획표를 짠다.					
35. 공부할 때는 항상 같은 곳에서 한다.					
36. 학습내용을 잘 기억할 수 있도록 구성해 본다.					
37. 친구들이 교재내용에 대해 나에게 질문하도록 하고 나 또한 그들에게 질문해 본다.					
38. 노트 필기가 완벽하지 못할 때는 참고도서를 찾아본다.					
39. 학습한 내용을 머릿속에 떠올려 본다.					
40. 지금 공부하고 있는 내용을 출발점으로 하여 나의 아이디어를 발전시켜 본다.					
41. 중요한 전공용어들은 요약표로 만들어 암기한다.					

42. 어떤 순서로 공부해야 할지 사전에 꼼꼼히 따져 본다.					
43. 꼭 필요한 경우엔 늦은 밤이나 주말에도 공부한다.					
44. 공부할 때 쉽게 집중이 된다.					
45. 각각의 학습단계를 위해 필요한 시간분량을 사전에 정한다.					
46. 공부할 때는 조용한 분위기를 조성하려고 한다.					
47. 노트 필기, 수업교재 혹은 참고문헌의 주요 사항을 정리하여 짧게 요약한다.					
48. 학습내용에 대해 전혀 이해할 수 없을 때에는 다른 사람의 도움을 받는다.					
49. 지금 공부한 내용과 내가 이미 알고 있는 것을 연결해 보려 한다.					
50. 여러 텍스트의 서로 모순된 생각들을 해결해 보는 것이 아주 흥미롭다.					
51. 글을 정독한 후 각 단락이 끝날 때마다 외워 본다.					
52. 공부한 것을 모두 이해했는지 확인해 보기 위해 내용에 대해 스스로에게 질문해 본다.					
53. 공부를 시작하기로 결정하게 되기까지 대체로 오래 걸리지 않는다.					
54. 공부할 때 주의가 다른 곳으로 향하지 않는다.					
55. 공부하는 곳에서 모든 것을 쉽게 찾을 수 있다.					
56. 교재나 노트 필기의 중요한 곳에는 밑줄을 친다.					
57. 명확하게 이해할 수 없는 부분이 있으면 친구들의 도움을 청한다.					
58. 학습한 내용에 대한 구체적인 예를 생각해 내려고 시도해 본다.					
59. 글을 대체로 비판적으로 읽는다.					
60. 규칙, 전공용어 및 공식을 암기한다.					
61. 학습이 덜 된 부분을 찾기 위해 교재를 보지 않고 요약해 본다.					
62. 시험 전에 범위 전체를 다시 한 번 검토해 볼 수 있도록 시간을 충분히 갖는다.					
63. 나의 집중력은 오래 간다.					

64. 가장 중요한 학습교재는 공부하는 곳에서 금방 손이 닿는 곳에 있다.					
65. 공부할 분량이 많아지면 내용이 어떤 구조로 이루어져 있는지 적어 본다.					
66. 노트 필기에 빠진 부분이 많을 경우에는 친구에게 물어 본다.					
67. 공부한 내용을 나의 경험과 연결시킨다.					
68. 여러 다양한 이론들의 장단점을 비교해 본다.					
69. 교재와 필기를 통해 학습한 내용을 가능한 한 외운다.					
70. 내용을 잘 이해했는지 확인해 보기 위해 다른 연습문제들을 추가적으로 풀어 본다.					
71. 다른 친구들보다 공부에 더 많은 시간을 투자한다.					
72. 중요한 전공용어와 개념 정의에 관한 표를 만든다.					
73. 공부한 내용이 일상생활에 도움이 되는지 생각해 본다.					
74. 학습한 것에 대해 비판적으로 검토해 본다.					
75. 내가 잘 이해했는지 확인해 보기 위해 공부한 내용을 친구들에게 설명한다.					
76. 시험을 잘 치를 수 있다는 확신이 들 때까지 오랫동안 공부한다.					
77. 교재내용에 대해 확실하게 이해할 수 없을 때에는 다시 한 번 천천히 교재를 정독한다.					

☑ 채점방법

1. 전혀 없음 1점, 거의 없음 2점, 가끔 3점, 자주 4점, 매우 자주 5점으로 채점한다.

2. 각 영역당 점수를 합산하여 기입한다.
   - 조직화 전략 (8): 문항번호 1+14+25+36+47+56+65+72=
   - 정교화 전략 (8): 문항번호 2+17+28+39+49+58+67+73=
   - 비판적 검토 전략 (8): 문항번호 3+18+29+40+50+59+68+74=
   - 반복전략 (7): 문항번호 4+19+30+41+51+60+69=
   - 초인지전략 (11): 문항번호 5+6+13+20+31+42+52+61+70+75+77=
   - 노력전략 (8): 문항번호 9+21+32+43+53+62+71+76=
   - 집중전략 (6): 문항번호 10+22+33+44+54+63=

- 시간관리전략 (4): 문항번호 11+23+34+45=
- 학습환경 조성 전략 (6): 문항번호 12+24+35+46+55+64=
- 스터디그룹 활용 전략 (7): 문항번호 7+15+26+37+48+57+66=
- 학습교재 활용 전략 (4): 문항번호 8+16+27+38=

3. 아래 표 (　) 안에 각 항목의 합산점수를 기입한다.

전략	점수	설명
조직화 전략	(　)/40	공부할 내용에 대해 스스로 재구성해 봄(예: 요약하기, 표나 그래프 만들기)
정교화 전략	(　)/40	새로운 학습내용을 기존의 지식구조에 잘 연결시켜 심층이해를 시도함
비판적 검토 전략	(　)/40	비판적인 사고과정을 통해 공부한 내용을 좀 더 잘 이해함
반복전략	(　)/35	반복을 통해 암기함
초인지전략	(　)/55	공부할 내용과 분량에 대한 계획 검사 및 상황에 적합한 학습전략의 선택 및 적용을 포함함
노력전략	(　)/40	목표를 달성하기 위해 기울이는 노력
집중전략	(　)/30	공부할 때 집중하는 정도
시간관리전략	(　)/20	시간계획을 하여 이를 지키는 정도
학습환경 조성 전략	(　)/30	집중이 잘 유지되는 효율적인 학습환경이 조성된 정도
스터디그룹 활용 전략	(　)/35	협동학습을 하는 정도
학습교재 활용 전략	(　)/20	심층이해를 위해 폭넓은 교재를 이용함

위의 표에 나타나는 점수는 학습전략 사용 정도를 알려 주는 것으로, 모두 사용했을 때 나타나는 점수(우측의 점수)에 비해 자신의 사용 정도(좌측의 점수)가 어느 정도인지 알려 준다. 따라서 우측 점수에 비해 좌측 점수가 높을수록 긍정적인 결과로, 해당 영역에 대한 학습전략을 많이 사용한다고 해석할 수 있다. 한편으로 전체적으로 자신이 많이 사용하는 학습전략에 비해 낮은 점수를 보이는 학습전략이 있을 경우에는 이를 보완하기 위해 노력하는 것이 좋겠다.

2. 부족한 학습전략 보충하기

☑ 조직화 전략이 부족한 경우

1) 공부한 내용을 표로 정리하여 내용을 정리하고 상호비교하는 방법 (예시: 박테리아의 유형 구분)

박테리아 이름	구조	기능	길이	요소

2) 중심 개념이나 아이디어 조직도 차트 만들기(예시: 포유류의 유형)

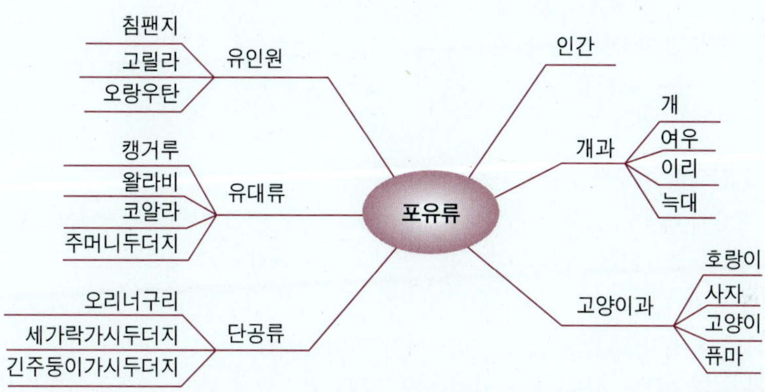

☑ 정교화 전략이 부족한 경우

1) 원리 설명하기
다른 학생과 함께 공부하거나 그룹으로 공부하면서 자신이 배운 것을 함께 공부하는 학생에게 설명해 본다. 정보를 단순하게 외워서 말하지 말고 그 원인과 방식을 설명하도록 한다.

2) 실례 찾기
실례는 복잡한 개념을 이해하는 데 도움을 준다.

3) 이미지 활용하기
그림으로 기억을 강하게 하자. 언어와 그림을 연결시킴으로써 더 잘 이해가 될 수 있을 뿐만 아니라 시험 답안을 쉽게 작성할 수 있게 된다. 인간의 기억이 가치 있는 이유는 심상을 그릴 수 있는 정신능력이 있기 때문이다.

4) 이미 알고 있는 것에서 출발하기

학습한 내용이 자신이 좋아하는 것 또는 자신의 기억 속에 학습한 내용과 연관되는지 확인한다. 받아들인 정보를 이해하고 기억하는 것은 이미 알고 있는 배경지식에 기초해서 이루어진다. 다른 사람으로부터 이야기를 들을 때에는 자신의 기존 지식에 비추어서 그가 의미하는 바를 이해하게 된다. 따라서 기존 지식과 연결되면 이해도 잘 되고 기억도 잘 된다.

√ 비판적 검토 전략이 부족한 경우

질문활동을 통한 비판적 학습능력 개발하기

비판적 학습능력 개발을 위한 하나의 교육활동으로서 학습자료에 대한 질문 제기와 이에 대한 자신의 생각 정리하기 활동을 생각해 볼 수 있다. 이러한 활동이 효과적으로 적용되기 위해서는 비판적 학습활동을 위해 적용될 수 있는 질문들을 유형별로 알아야 한다. 이와 관련하여 학습자가 활용할 수 있는 질문의 유형과 각 유형에 해당하는 구체적 질문의 예를 제시하면 다음과 같다.

1) 명료화를 위한 질문
- 본 학습자료에서 저자가 전달하고 싶어하는 가장 핵심적인 주제는 무엇인가?
- 문맥이나 생각의 논리적 연계 측면에서 모호한 내용은 무엇인가?

2) 가정을 탐사하는 질문
- 저자가 자신의 주장을 전개하면서 가지고 있는 기본 가정은 무엇인가?
- 저자가 가정하고 있는 것들 외에 어떤 다른 가정들이 있을 수 있는가?

3) 이유, 증거 및 원인을 탐사하는 질문
- 저자가 제시하는 증거는 신뢰할 만한 출처에서 나온 것인가?
- 저자는 어떠한 논리적 추론을 통해 결론에 도달하였는가?

4) 견해나 시각에 대한 질문
- 저자와 견해를 달리하는 사람들은 어떠한 지지근거를 가지고 있는가?
- 저자의 견해가 갖는 한계점은 무엇이며, 그 대안은 무엇이 될 수 있는가?

5) 함의와 결말을 탐사하는 질문
- 저자가 내린 결론이 실제에 시사하는 바는 무엇인가?
- 저자가 제안하고 있는 방법들을 적용하는 데 고려되어야 하는 다른 요인들은 무엇인가?

6) 문제에 대한 질문
- 저자가 설정한 문제(주제)는 중요한 문제라고 할 수 있는가?
- 저자가 설정한 문제에 대한 논의를 시작하기 전에 선행되어 논의해야 할 내용은 무엇인가?

☑ 반복전략이 부족한 경우

1) 노트를 잘 정리하고 교재를 읽으면서 중요한 부분은 밑줄을 긋고 메모하는 습관을 가진다.

2) 규칙적으로 복습한다.
   - 수업이 끝난 직후, 수업시간에 학습한 내용을 다시 훑어보면 기억력이 4배 정도 향상된다.
   - 주말에 한 주에 학습한 내용을 복습하면 그 주에 학습한 강의내용과 자료들이 체계적으로 통합되어 장기기억에 저장하기 쉬워진다.
   - 한 달에 한 번 날짜를 정해두고 한 달 동안 배운 내용을 복습하고 A4 한두 장 분량으로 배운 내용을 간략히 정리해 본다.
   - 시험준비를 할 때는 그동안 복습했던 내용 중 자신이 기억하고 있는 부분과 잊은 부분이 무엇인지 체크한 다음, 중요한 내용인데 자신이 잊어버린 내용을 중심으로 공부한다.

3) 배운 것을 암송한다.
   - 학습한 내용을 오래 기억하기 위해 다양한 감각기관을 동시에 사용한다. 눈으로 보고, 입으로 말하며, 종이에 적으면서 공부한다.
   - 암송방법
     - 읽는다: 한 번에 한 단락씩 읽는다. 읽어 가면서 중심 내용을 뽑아 낸다. 노트를 암송하는 경우라면 필기한 내용이 바로 중심 내용이기 때문에 더 수월하다. 교과서를 암송할 때에는 핵심은 보통 한 단락에 하나밖에 없다는 사실을 명심해야 한다.
     - 변환한다: 한 단락을 읽고 중심 내용을 뽑아 냈으면, 그것을 한두 개의 단어로 압축하거나 혹은 그 내용을 물어보는 질문으로 변환시켜 본다.
     - 혼자 시험해 본다: 변환한 것을 가지고 얼마나 학습이 되었는지 시험해 본다. 핵심적인 단어나 질문을 이용하여 중심 내용을 큰 소리로 말해 보거나 종이에 적어 본다.

4) 암기 카드를 만든다.
   - 암기 카드를 만들어서 중요하고 잘 외워지지 않는 많은 분량의 암기내용은 자주 볼 수 있는 환경을 인위적으로 만들어 준다.

☑ 초인지전략이 부족한 경우

1) 초인지의 활용 단계
   - 공부목표 설정하기: 새로운 내용을 공부하기 전에 자료를 어떻게 조직화할지 생각하기 위해 자료를 대충 훑어보고 나서 공부할 목표를 설정한다.
   - 주의집중이 안 될 때마다 교재에 자기만의 표식을 해 두기
   - 교재를 읽은 후, 혹은 수업 후 자신에게 질문하면서 복습하기
   - 공부목표를 얼마나 잘 달성하고 있는지 점검하고 방법 수정하기

2) 1분 페이퍼 기법을 사용한 초인지전략 활용법

- 1분 페이퍼 기법이란 강의를 듣고 나서 1~2분간 다음의 질문에 대한 답을 노트에 간단히 적어 보는 방법이다.
  - 오늘 수업의 중심 아이디어는 무엇인가?
  - 오늘 강의에서 의문사항은 무엇인가?
- 1분 페이퍼 기법을 사용하기 위해 학생들은 교수님의 강의를 들으면서 다음과 같은 질문을 자신에게 계속 하게 되어 수업에 집중할 수 있다.
  - 여기서 중요한 아이디어는 무엇인가?
  - 내가 이해하지 못한 것은 무엇이고, 이해하지 못한 것을 몇 마디 조리 있는 문장으로 표현하려면 어떻게 해야 하는가?

✓ 노력전략이 부족한 경우

1) 분명한 학습목표를 설정한다.

2) 스터디그룹을 조직하여 협동학습을 한다.
스터디그룹을 조직하여 학습하게 되면 공부하는 시간이 더 역동적이고 흥미로울 수 있다. 자기가 맡은 학습분량을 완수하기 위해 준비를 하게 되고, 다른 구성원들과 공부한 내용을 토론하면서 몰랐던 부분을 알 수 있고, 다른 아이디어들도 얻을 수 있다.

3) 졸업한 후에 어느 정도의 연봉을 받고 싶은지를 계산해 본다.
그리고 현재 자신의 행동으로 비추어 보아 그 정도의 연봉을 받을 자격이 있을지를 자문해 보라.

4) 책상 위에 격려가 되는 말들을 적어둔다.
자신에게 긍정적인 영향을 주는 말과 목표를 적어두고 볼 때마다 상기하라.

5) 공부하고 있는 과목에 흥미를 가진다.
그러기 위해 자신의 멘토를 정하는 것이 좋다. 자신과 같은 분야에서 성공한 선배나 교수님의 학습방법과 진로방향에 대한 조언을 얻어 공부하고 있는 분야에 대한 관심을 더 가질 수 있다.

6) 마감효과를 이용한다.
해야 하는 과제에 대한 데드라인을 정한다. 그 기간 내에 과제를 완수하려고 최대한의 노력을 기울인다. 그리고 정해진 시간 내에 과제를 마무리했을 때는 자신에게 보상을 해 준다.

7) 분산학습을 한다.
분산학습은 중간중간 쉬어 가면서 공부시간을 여러 번으로 짧게 나누어 학습하는 것이다. 유의성이 없는 학습과제를 할 때나 학습과제의 난이도가 높을 때, 학습의 초보단계일 때, 학습의 동기유발이 낮을 때, 많은 노력과 시간이 요구되는 학습상황에서는 집중학습보다는 분산학습이 더 바람직하다.

☑ 집중전략이 부족한 경우

1) 평상시 공부할 때 어느 정도 집중하는지 기록해 본다.
2) 이에 대해 자기반성을 해 본다.
3) 다음날 공부 집중시간을 체크한다.
4) 집중시간 10분 늘이기를 계획하고, 이를 지켰다면 ○표, 지키지 못했다면 ×표를 한다.

평균 집중시간	(분)	평균 집중시간	(분)
1회		3회	
2회		4회	
○ 개수		× 개수	
자기반성			

☑ 시간관리전략이 부족한 경우(9장 참조)

1) 일의 중요도와 긴급도에 따라서 해야 할 일을 시간에 따라 나누고 계획을 세워 본다.

공부목표	
시간	학습계획

2) 자신의 시간관리에 대해 스스로 자기평가해 본다.

유지할 사항	
개선할 사항	

학습환경 조성 전략이 부족한 경우

학습환경 구조화 방법

1) 물리적 학습환경 구조화: 주변 정리 및 정돈을 한다.
   - 자신만의 '집중 존'이 무엇인지 파악한다. 과거에 최고의 실력을 발휘했던 상황을 구체적으로 기록해 본다.
   - 집중력 향상을 위해 공부하기에 적당한 조용한 장소를 찾는다.
   - 학습만을 위해 책상을 사용한다. 그 책상에 앉으면 자동적으로 학습에 대한 생각을 하게 될 것이다. 그리고 책상 위는 최대한 단순하게 꾸민다.
   - 편안한 의자에 앉아서 공부하고, 침대에 누워서 학습하지 않는다.
   - 학습에 방해되는 요소를 제거한다. 학습할 땐 전화나 핸드폰을 차단시키고, 학습하는 동안 텔레비전, 오디오, 라디오 등은 꺼둔다.
   - 학습하는 동안에 발생하는 부가적인 문제는 주위 사람에게 도움을 요청한다. 학습을 하고 있을 때 어려운 점이 있으면 친구나 가족들에게 도움을 요청하고 학습에만 집중한다.
   - 집중하기 시작했다면 주변은 그대로 둔다.
   - 제한시간을 정하고 시계는 보지 말고 타이머를 활용한다.

2) 심리적 학습환경 조성: 마음 가라앉히고 공부하기
   - 손을 무릎 위에 얹고 편안한 자세로 의자에 앉는다.
   - 길게 그리고 깊게 심호흡을 한다. 맑고 깨끗한 공기가 폐에 가득 들어가도록 심호흡을 한다.
   - 깊게 숨을 내쉰다. 폐의 공기가 빠지고 수축된다. 숨을 내쉴 때 긴장, 잡념들도 함께 발산시킨다.
   - 심호흡을 세 번 정도 더 한다.
   - 모든 근육을 풀어 준다.
   - 눈을 감고 즐거운 장면을 떠올려 본다. 즐겁고 유쾌한 모습의 자신을 상상해 본다.
   - 이러한 상태에서 공부를 준비한다고 생각해 본다.

스터디그룹 활용 전략이 부족한 경우

1) 효과적인 스터디그룹 운영을 위한 체크리스트

내용	확인
스터디그룹의 분위기가 우호적이며 편안한가?	
구성원들이 공동의 목표를 분명하게 알고 있는가?	
구성원들이 학습활동과 의사결정에 모두 참여하고 있는가?	

구성원 간 칭찬하기, 격려하기, 동조하기 등의 의사소통활동이 자주 일어나는가?	
구성원들은 다른 사람의 발언을 잘 경청하는가?	
역할분담이 잘 되고 있는가?	
구성원 상호 간 가르치고 배우는 활동이 잘 일어나는가?	
의견 차이는 민주적으로 해결되는가?	
그룹의 운영규칙이나 질서가 있는가?	
구성원 간 과제에 대한 질문이 자주 나오는가?	

2) 효과적인 스터디그룹 운영을 위한 커뮤니케이션 전략

- 'I' 메시지를 사용하여 자신의 의사를 명확하게 전달한다.
- 전달할 내용은 완전한 문장으로 구체적으로 만들어 전달한다.
- 같은 메시지를 언어적 · 비언어적 단서, 그림, 문자 등의 방법을 사용하여 여러 번 전달하여 상대방의 이해를 돕는다.
- 이야기를 듣고 피드백을 할 때는 찬성 또는 반대의 의사표현을 하는 것을 되도록 피하고, 상대방이 이야기한 내용을 가감하지 않고, 상대방이 전달하고자 하는 의미를 이해하고 있음을 표시하는 것이 도움이 된다.
- 문제가 되는 행동에 대해 지적할 때는 그 행동에 대해서만 얘기하고 그에 대한 부정적인 평가는 덧붙이지 않는다.
- 문제점을 지적할 때는 긍정적인 내용－부정적인 내용－긍정적인 내용의 방식으로 이야기하는 것이 좋다.

☑ 학습교재 활용 전략이 부족한 경우

1) SQ4R법을 활용한 교재 읽기 전략

- 개관하기(Survey)
  - 서문을 읽는다.
  - 목차를 읽는다.
  - 책장을 넘겨 가며 각 장의 소제목과 그 소제목 밑의 문장을 몇 줄 읽어 본다.
  - 각 장마다 요약이 되어 있다면 개관할 때 그 요약을 읽는다.
- 질문하기(Question)
  - 의문을 갖는 것은 학습목표를 갖게 되는 것이다.
  - 질문을 이용하여 자기 자신이 읽은 것을 점검해 본다.
- 읽기(Read)
  - 저자가 강조한 부분(밑줄, 고딕체 등)은 특히 신경써서 읽고, 전체 내용과의 관련성을 파악한다.

-본문 외에 표, 그래프, 그림 등은 내용을 잘 전달해 줄 수 있도록 의도적으로 삽입한 것이므로 빼놓지 말고 본다.

- 암기하기(Recite)

-암기할 때는 소제목 단위로 암기한다.

-중요한 부분에 밑줄을 긋는 것도 암기단계에서 하는 일이다.

-밑줄은 문장 전체가 아니라 중요한 한두 단어에만 긋는 것이 좋다.

- 쓰기(wRite)

-이제 읽고 암기한 내용을 써 보도록 한다. 암기한 내용 쓰기는 이해 정도, 의문 해결, 중요 내용 암기 등을 확인하는 아주 좋은 방법이다.

- 재검토하기(Review)

-앞서 공부한 목차와 제목들을 훑어보면서 그 내용이 무엇인지, 전체적인 내용은 무엇인지 다시 되새겨 본다.

2) 교재를 읽으면서 노트 정리하는 방법

읽은 내용을 모두 기억할 수는 없다. 따라서 읽은 내용을 자기만의 노트 필기 방법으로 기록해두어야 한다.

- Tree 구조를 이용하여 노트를 정리한다.
  각 장, 절 제목을 쓰면서 구조화하여 내용을 정리한다. 주개념, 하위개념, 세부사항으로 분류되는 내용은 Tree 구조를 사용하여 정리한다.
- 각 장의 학습목표와 학습내용의 주제가 무엇인지 파악하고 제일 먼저 기입한다. 학습목표나 학습내용의 주제를 명확하게 적는 습관을 가지면, 교재를 읽는 동안 교재내용에 집중하게 되고 교재의 핵심 내용을 파악하려고 노력하게 될 것이다.
- 노트에 질문을 위한 공간을 남겨둔다.
  노트의 왼쪽이나 오른쪽 사이드(자신이 메모하기 편한 곳)에 약 5센티미터 정도의 공간을 남겨두고 복습할 때 생각나는 단어나 질문 보충내용들을 덧붙일 수 있도록 한다.
- 노트에 자신의 선행지식과 교재내용의 연관되는 부분을 기록할 수 있는 공간을 남겨서 선행지식과 교재내용을 연관시켜 보면서 지식을 구조화할 수 있다.
- 관심 영역이나 전공 영역에 교재에 나온 내용을 어떻게 적용시킬 수 있는지 기록할 수 있는 공간을 마련해 두어, 교재를 다 읽고 나서 지식의 적용범위까지 생각하여 기록한다.
- 교재를 다 읽고 나서 읽은 내용을 마인드맵을 이용하여 요약해 본다.

16 또 다른 시작, 알찬 방학 설계하기

My Portfolio

방학을 시작할 때의 각오와 방학이 끝날 때의 마음이 어땠는지를 생각해 보자. 그리고 머릿속에 그려 본 '나의 모습'에서 어떻게 방학을 보낼 것인지를 생각해 보자. 방학은 대학생활에 활력을 주기도 하지만 자칫 잘못하면 생활의 리듬을 잃어버릴 수도 있다.

대학생활에서 자신의 가치를 높이기 위해 방학이라는 시간이 필요하고, 그 방학을 어떻게 보내느냐에 따라 대학생활의 성패가 좌우될 수도 있다. 이제 막연히 시작하는 방학이 아니라 준비된 방학과 나의 방학으로 만드는 밀도 있는 작업을 지금 시작해 보자. 방학을 보내는 원칙을 정하고 이를 실천하면 자신을 한 단계 업그레이드시키는 계기가 될 것이다.

1. 방학을 맞이하는 원칙 세우기

그동안 자신이 방학 때 실행했던 방법들을 열거하고, 그 가운데 특히 효과적이었던 방법과 비효과적인 방법을 정리하고 그 이유를 설명해 보자.

효과적인 방법	
방법	이유

비효과적인 방법	
방법	이유

효과적인 방법과 비효과적인 방법을 통해서 이번 방학을 어떻게 보낼 것인지에 대한 원칙을 작성해 보자.

방학을 잘 보내기 위한 나의 원칙
1.
2.
3.
4.
5.

2. 방학 중에 할 일의 우선순위와 목표 정하기

이번 방학에 자신이 할 일이라고 생각하는 항목이 있으면 예시처럼 작성을 해 보라. 가급적 5~6개 정도의 할 일을 생각해 보자. 그런 다음 각 항목들을 중요성 정도에 따라 우선순위를 매긴다.

방학 중에 나의 할 일		
항목	중요성 정도	우선순위
예) 취업에 필요한 전공지식을 쌓는다.		

이번 방학 때 할 일		
우선순위	항목	목표 기준치

3. 방학 중에 할 일의 실천계획 세우기

방학 중에 할 일이 정해졌으면 그 일을 하기 위해 어떻게 할지 구체적인 실천계획을 세워 보자. 방학 중에 할 일을 실천하기 위해서 누구를(인맥 파악), 어떻게(접촉방법 결정), 언제(약속), 어디서(만남) 만나고, 예상되는 결과(사후분석)는 무엇인지 생각해 보자. 예를 들어, 인턴십이나 아르바이트 등 자신이 계획한 일을 하기 위해서 누구를 어떻게 만날 것인지부터 생각해 보자.

인맥 파악 → 접촉방법 결정 → 약속 확정 → 만남 → 사후분석

성공요인

- 적극적이고 긍정적인 마음을 가질 것
- 시작은 방학 하기 전부터
- 구체적인 실천계획은 새로운 출발을 하기 위한 준비과정

방학 중 할 일	인맥 파악	접촉방법
1.		
2.		
3.		
4.		
5.		

부록 자기주도적 학습을 위한 이러닝 학습전략

'디지털 증후군'… 24시간 로그인 '중독'에 빨리빨리 '조급증'

컴퓨터와 휴대전화로 대표되는 디지털 기기에 대한 의존이 심화되면서 현대인의 정신건강이 심각하게 위협받고 있다. 휴대전화가 없으면 불안감에 휩싸이고, 사이버 공간에 중독돼 컴퓨터 앞을 떠나지 못하는 사람들이 허다하다. 특히 속도를 중시하는 디지털 환경에 익숙해지면서 현대인의 조급증도 심화되고 있다.

- 디지털 중독증=대학생 박 모(여 · 23) 씨는 틈만 나면 포털사이트에 접속해 새로 나온 연예 뉴스를 읽는다. 박 씨는 '컴퓨터를 쓰다 보면 나도 모르게 포털에 접속해 뉴스를 읽고 있는 경우가 많다.'며, '가끔씩 인터넷을 할 수 없는 날이면 앞뒤가 꽉 막힌 느낌이 들어 불안하고 초조하다.'고 털어놨다.
  인터넷 싸이월드의 '미니홈피'나 네이버의 '블로그'에 빠져 사는 사람들이 부지기수고 인터넷 접속자 간의 대화에 몰두하는 '메신저 중독'도 이미 오래전부터 우려가 제기된 증상 중 하나다. 포털사이트에는 블로그의 방문자수 등을 높이기 위한 '낚시글' 역시 하루에 수백 건씩 오르내리면서 이 같은 증상을 심화시키고 있다.
  실제로 정보통신부 산하 한국정보문화진흥원이 조사한 '2006년 인터넷 중독 실태'에 따르면, 청소년의 14.0%, 성인의 8.5%가 '위험한 상태'인 것으로 나타났다. 또 휴대전화에 중독된 청소년도 10.1%, 성인은 4.1%에 달했다. 유희정 분당서울대병원 신경정신과 교수는 '우리나라는 정보통신 인프라가 잘 갖춰져 디지털 중독자가 많은 편'이라며, '인터넷 중독자만 해도 미국에 비해 2배나 높다.'고 말했다.
  조숙행 고려대 안암병원 정신과 교수는 '과거에는 리포트를 내더라도 미리 꼼꼼하게 자료를 챙기는 등 생각할 시간이 많았지만, 요즘에는 다양한 정보를 워낙 쉽게 얻을 수 있다 보니 오히려 더 조급하게 생각한다.'고 지적했다. 신의진 세브란스병원 정신과 교수도 '디지털 기기를 접하는 시간이 늘고 여기에 익숙해지다 보면 디지털 세상을 일상과 혼동해 일상생활에서도 디지털 세상에서의 빠름을 추구하게 될 수도 있다.'고 말했다. 고영삼 인터넷중독예방상담센터장은 '컴퓨터 사용시간 등을 스스로 통제할 수 없다든지, 병적으로 집착하는 경우 중독을 의심하고 경계할 필요가 있다.'며, '만약 디지털 중독에 해당된다면 증세를 스스로 인정하고 도움을 요청하는 것이 가장 중요하다.'고 말했다.

-문화일보-

1. 이러닝이 적합한가?

이러닝(e-Learning)은 기존의 면대면 강의와는 다른 특징을 가지고 있는 새로운 학습방법이다. 이러닝을 시작하기에 앞서 내가 이 수업방법에 적합한 능력을 갖추고 있는지 간단한 검사를 통해 점검해 보자.

나는 이러닝으로 이 교과목을 성공적으로 수강할 수 있을까?

1. 강의 수강에 대한 욕구
   ① 특정 목적을 위해 즉시 필요하다.
   ② 나중에 컴퓨터상에서 다른 강의로 대체할 수 있다.
   ③ 연기할 수 있다.

2. 내가 수업의 일부라는 느낌
   ① 내게는 특별히 중요하지 않다.
   ② 내게는 다소 중요하다.
   ③ 내게는 매우 중요하다.

3. 나의 생활 유형
   ① 정해진 시간에 앞서 일을 끝마치는 사람이다.
   ② 정시에 일을 끝마치도록 누군가 상기시켜 주어야 한다.
   ③ 끝까지 일을 미루거나 이를 완성하지 못한다.

4. 수업의 유용도
   ① 내게 거의 아무런 도움도 주지 못한다.
   ② 내게 도움이 되는 경우도 가끔 있다.
   ③ 내게 거의 언제나 도움을 준다.

5. 교수님이 나눠 주는 과제물 지침에 대한 반응
   ① 스스로 지침을 이해할 수 있다.
   ② 스스로 지침을 따라해 본 다음 도움을 요청한다.
   ③ 누군가 내게 지침을 설명해 주어야 한다.

6. 과제물에 대해 교수님의 조언을 필요로 하는 시기
   ① 수주 이내-내가 한 것을 검토한 후
   ② 수일 이내-내가 한 것을 잊어버리기 전
   ③ 당장-당장 조언해 주지 않으면 실망한다.

7. 원격학습에 투자할 수 있는 시간
   ① 강의실에서 수업 듣는 것 이상의 시간

② 강의실에서 수업을 듣는 것과 동일한 시간
③ 강의실에서 수업을 듣는 것보다 적은 시간

8. 정기적인 캠퍼스 방문
① 거의 힘들다. 수업시간에 여러 다른 일(업무, 가족, 개인용무 등)이 있다.
② 다소 힘들지만 일정을 조정하여 캠퍼스에 정기적으로 방문할 수 있다.
③ 언제든지 가능하다.

9. 교재 이해 정도
① 양호-도움이 없이도 교재를 이해하는 데 어려움이 없다.
② 평균-교재를 이해하는 데 도움이 필요할 경우도 가끔 있다.
③ 평균보다 느린 편이다.

10. 학습내용을 이해하는 데 도움이 필요한 경우
① 교수님에게 부담 없이 접근하여 내용을 분명히 이해하고 넘어간다.
② 교수님에게 접근하는 것이 부담스럽지만 결국은 그렇게 한다.
③ 교수님에게 접근하여 내용을 이해하지 못한다고 말하는 경우는 없다.

각 문항의 보기에서 ①을 선택한 경우 3점을, ②에 2점을, ③에 1점을 부여한다. 총점이 20점 이상 나올 경우 이러닝을 성공적으로 수강할 가능성이 매우 높다. 11~20점 사이라면 이러닝이 효과적일 수 있지만 이를 성공적으로 이끌기 위해서는 자신의 스케줄과 학습습관을 다소 조정하는 것이 바람직하다. 10점 또는 그 이하의 점수가 나올 경우에는 이러닝보다는 면대면 학습을 선택하는 것이 바람직하다.

출처: 노던 버지니아 커뮤니티 칼리지 평생학습연구소(1994).

2. 인터넷 중독: 예방과 치료

인터넷 중독(internet addiction)이란 "정보이용자가 지나치게 컴퓨터에 접속하여 일상생활에 심각한 사회적, 정신적, 육체적 및 금전적 '지장'을 받고 있는 상태"라고 정의된다. 즉, 지나친 인터넷 접속으로 인하여 의존성과 금단증상 등이 나타나 일상생활에 사회적, 정신적, 육체적 및 금전적 지장을 받고 있는 상태를 말한다.

인터넷 중독 자가진단검사를 통해 자신의 인터넷 사용 습관을 점검해 보자.

인터넷 중독 자가진단법[1)]

아래 문항을 자세히 읽어 본 후 현재 자신의 상태와 가장 근접하다고 생각하는 번호에 체크해 보자.

(1－전혀 그렇지 않다 2－조금 그렇다 3－보통 그렇다 4－자주 그렇다 5－항상 그렇다 0－해당사항 없다)

문항	1	2	3	4	5
1. 애초 마음먹은 것보다 더 오랫동안 인터넷을 사용한다.					
2. 인터넷 때문에 집안일을 소홀히 한 적이 있다.					
3. 가족, 친구들과 어울리는 것보다 인터넷이 더 즐겁다.					
4. 최근 새로 맺은 인간관계의 대부분은 인터넷을 통해 만난 사람들이다.					
5. 주위 사람들에게 인터넷을 너무 오래 한다고 자주 불평을 듣는다.					
6. 인터넷 때문에 성적이나 학교생활에 문제가 있다.					
7. 다른 할 일을 놔두고 먼저 전자우편을 확인한다.					
8. 인터넷 때문에 일의 생산성이나 창의성이 떨어진 적이 있다.					
9. 누가 인터넷에서 무엇을 했느냐는 질문에 사실을 숨기거나 얼버무린 적이 있다.					
10. 괴로운 일이 있을 때 인터넷으로 스스로 달래본 적이 있다.					
11. 다음 번 인터넷 접속 시기를 미리 정해놓는다.					
12. 인터넷이 없는 생활은 따분하고 공허하며 재미없을 것이라고 생각한다.					
13. 인터넷 사용 중 누군가 방해를 했을 때 소리를 지르거나 화를 낸 적이 있다.					
14. 밤 늦게까지 접속해 있느라 잠을 못 잔 적이 있다.					
15. 오프라인 상태에서 인터넷을 사용하는 상상을 해 본 적이 있다.					
16. 인터넷 사용 도중 '몇 분만 더'라고 말하며 시간을 허비한 적이 있다.					

1) 본 검사도구는 미국 피츠버그 대학의 Kimberly S. Young 박사가 개발한 것으로 http://www.netaddiction.com에서 인용하였다. 이 사이트에서는 Cybersexual Addiction Quiz, Quiz for Obsessive Online Gambling, Quiz for Compulsive Online Gamers, Quiz for Online Auction Addiction, The Partner's Addiction Test, The Parent－Child Addiction Test 등의 검사도 함께 체험해 볼 수 있다.

17. 인터넷 사용시간을 줄이려고 노력했지만 실패한 적이 있다.					
18. 다른 사람에게 인터넷 사용시간을 숨기려 한 적이 있다.					
19. 가족, 친구들과 외출하려고 하기보다 인터넷 접속을 위해 집에 남은 적이 있다.					
20. 우울하고 긴장되었다가도 인터넷 접속 후 이런 감정들이 모두 사라진 적이 있다.					
총점					

- 20~49점: 평범한 인터넷 사용자. 때로는 오래 웹서핑을 하기도 하지만 현재는 인터넷 사용을 자신이 조절할 수 있는 상태
- 50~79점: 문제가 있는 사용자. 인터넷 때문에 문제가 있었던 적이 많은 상태. 이 같은 문제들이 실제 상황에서 어떤 영향을 미쳤는지 생각해 봐야 함
- 70~100점 : 인터넷 때문에 중대한 문제가 발생하고 있는 심각한 사용자. 지금 당장 전문가의 도움을 받아야 함

☑ 인터넷 중독 예방

인터넷 중독의 예방과 대응방안으로 여러 학자들이 제안하는 보편적인 방법들을 소개하면 다음과 같다(Young, 2000).

첫째, 하루 중 컴퓨터를 켜고 끄는 시간을 일정하게 정하고 꼭 지키도록 노력한다. 뚜렷한 목적이 없는 웹서핑을 하지 말아야 하며, 자신에게 주어진 다른 일을 다 끝마친 후에 컴퓨터를 켜는 습관을 들이는 것이 좋다. 한 시간만 채팅하고 리포트를 쓰고 시험공부를 하겠다는 생각은 중독증상의 하나일 뿐이다.

둘째, 혼자서 컴퓨터를 사용하는 것을 피한다. 남에게 드러나지 않는다는 은밀성이 사이버중독증을 악화시키기 때문에 공개된 장소로 컴퓨터를 옮기는 것도 좋은 방법이다.

셋째, 오락과 휴식의 도구로서의 컴퓨터 사용을 줄인다. 컴퓨터 사용은 신체적, 정신적 긴장을 유발하고 또 하나의 스트레스가 되는 경우가 많으므로 과감하게 불필요한 게임 CD는 정리하고 게임 파일을 삭제하는 것이 좋다.

넷째, 신체적 활동을 하는 시간을 늘린다. 땀을 흘리는 적절한 운동을 규칙적으로 하고, 모니터 앞에서 식사를 하지 않으며, 바쁘더라도 컴퓨터를 끈 채로 끼니를 해결하는 습관을 들이는 것이 좋다.

다섯째, 사이버 공간이 아닌 현실 공간에서의 대인관계를 늘린다. PC방을 가더라도 동료, 연인과 같이 가고 혼자서는 절대 가지 않는다는 원칙을 만드는 것도 좋다.

여섯째, 대안활동을 찾는다. 단순히 컴퓨터를 사용하는 시간만을 줄이는 데 목적을 두게 되면 남는 시간에 할 일이 없어서 다시 인터넷을 하게 된다. 인터넷 사용을 조절하기 원한다면 인터넷 말고 자신에게 즐거움을 주는 대안활동을 찾아서 즐기는 것도 좋다. 한두 가지 말고 가능한 한 여러 개가 좋다.

일곱째, 인터넷 중독 예방을 위한 소프트웨어를 사용한다. PC 사용 시간제한장치 등의 소프트웨어를 사용하면 정해진 시간만큼만 인터넷을 사용할 수 있어 인터넷 중독을 어느 정도 예방할 수 있다.

√ 인터넷 중독 상담과 치료

한국정보문화진흥원이 운영하는 인터넷중독예방상담센터(www.iapc.or.kr)를 방문하면 정보통신부, 한국정보문화진흥원, 서울대연구팀이 공동으로 개발한 인터넷중독 자가진단 프로그램을 무료로 이용할 수 있으며, 그 결과를 토대로 전문가의 상담과 안내를 받을 수 있다.

이 밖에 인터넷 중독과 관련하여 전문가의 도움을 받을 수 있는 기관을 정리하면 다음과 같다.

- 고려대학교 인터넷중독치료센터 www.psyber119.net
- 한국청소년상담원 www.kyci.or.kr
- 서울특별시청소년종합상담실 www.teen1318.or.kr
- 청소년세계 www.youth.co.kr
- 청소년미디어중독예방센터 www.mediajoongdok.com

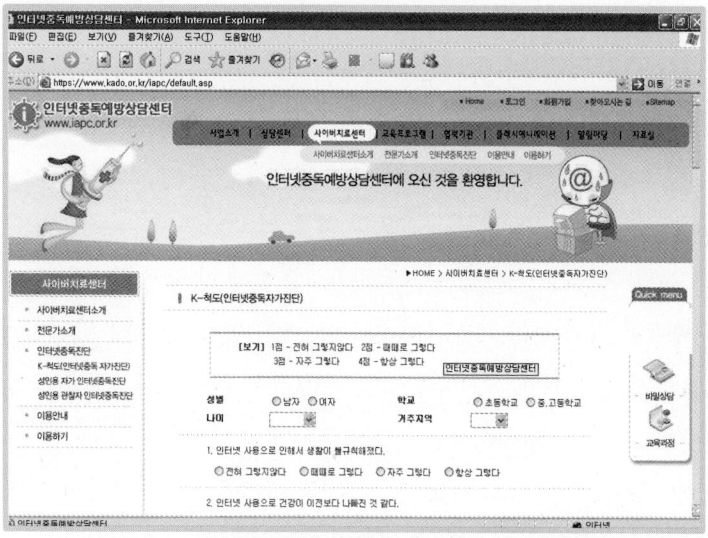

[그림 1] 인터넷중독예방상담센터의 자가진단 프로그램

[그림 2] Center for Internet Addiction의 인터넷 중독 검사 도구

한국정보문화진흥원이 운영하는 인터넷중독예방상담센터(www.iapc.or.kr)를 방문하여 자가진단을 실시해 보자. Center for Internet Addiction(http://www.netaddiction.com/default.aspx)을 방문하여 각종 검사를 체험해 보자.

3. 네티켓

네티켓(netiquette)은 네트워크(network)와 에티켓(etiquette)의 합성어로, 네티즌이 네트워크상에서 지켜야 할 상식적인 예절을 말한다. 1994년 미국 플로리다 대학교의 Virginia Shea 교수가 제시한 '네티켓의 핵심 원칙(The Core Rules of Netiquette)'은 세계적으로 유명하다. ① 인간임을 기억하라. ② 실제 생활에서 적용된 것처럼 똑같은 기준과 행동을 고수하라. ③ 현재 자신이 어떤 곳에 접속해 있는지 알고, 그곳 문화에 어울리게 행동하라. ④ 다른 사람의 시간을 존중하라. ⑤ 온라인상의 당신 자신을 거짓꾸밈으로 치장하지 마라. ⑥ 전문적인 지식을 공유하라. ⑦ 논쟁은 절제된 감정 아래 행하라. ⑧ 다른 사람의 사생활을 존중하라. ⑨ 당신의 권력을 남용하지 마라. ⑩ 다른 사람의 실수를 용서하라.

우리나라에서는 2000년 6월 15일 정보통신윤리위원회[2)]에서 '네티즌 윤리강령'을 선포하였다.

☑ 네티켓 체험 사례 공유하기

인터넷을 사용하면서 상대방으로 인해 불쾌했던 경험들을 떠올려 보고, 바람직한 인터넷 문화 확산을 위해 변화되어야 할 사항들을 기록해 보자.

---

2) 정보통신윤리위원회(http://www.kiscom.or.kr)를 방문하면 네티즌 윤리강령뿐 아니라 '네티켓'과 관련된 다양한 자료를 찾아볼 수 있다.

4. 정보의 이용과 저작권

디지털 저작물은 그 복사가 용이할 뿐 아니라 복사의 질이 원본 못지않으며, 비용도 거의 들지 않는다. 뿐만 아니라 통신의 발달로 저작물은 신속히 국경을 초월하여 전달됨으로써 저작물의 불법복제는 걷잡을 수 없이 확대되고 있다. 기존의 저작권은 아날로그 시대의 산물로서 디지털 시대의 이와 같은 변화를 감당하기에는 역부족이다. 이리하여 세계지적재산권기구(WIPO)는 인터넷 등 컴퓨터 통신망을 이용하여 송신되는 저작물의 저작권을 보호하고 음악저작물 등에 대한 실연자(實演者)와 음반제작자의 인접 저작권의 보호를 규정하는 저작권조약을 체결하여 운영하고 있다.

네티즌들이 흔히 범하기 쉬운 저작권 침해는 복제권과 저작인격권이다. 복제권은 아날로그 자료나 디지털 자료를 디지털 방식으로 저장하는 것, 스캐닝하는 것, 업로드, 다운로드, 전송받는 것 모두를 포함한다. 타인의 저작물을 허락 없이 통신망에 올리는 행위, 다운로드 받는 행위, 전송하는 행위는 저작자의 복제권을 위반하는 것이다. TV 방송의 정지화면을 캡처하여 스틸사진을 작성하는 경우에는 방송사업자의 저작인접권인 복제권을 침해하는 문제가 발생하며, 잡지에 실린 사진의 경우에도 엄연히 사진저작물로서 보호를 받기 때문에 저작권 침해에 해당된다. 따라서 저작자의 허락 없이 타인의 사이트에 올려진 자료를 자신의 블로그나 미니홈피로 옮겨서는 안 된다. 또한 저작자의 허락 없이 저작물을 수정 · 변경하는 것은 저작인격권 중 저작물의 내용 · 형식 및 제호의 동일성을 유지할 권리인 동일성 유지권을 침해할 소지가 많으므로 주의하여야 한다.

☑ 저작권 침해사례 조사

인터넷 검색 엔진을 활용하여 신문기사 가운데 디지털 저작물과 관련된 저작권 침해사례들을 조사해 보자.

디지털 워터마킹

디지털 워터마킹(digital watermarking) 기법은 디지털 콘텐츠에 워터마크(watermark)라고 하는 사용자의 ID(Identification)나 자신만의 정보를 삽입시킴으로써 불법적인 복제를 막고, 지적재산권 및 저작권을 보호하며, 소유권을 주장할 수 있는 근거를 제시할 수 있도록 하는 기술이다.

워터마킹이란 용어는 물에 젖어 있는 상태에서 그림을 인쇄하는 데서 유래하였다. 지폐의 제작과정에서 위조지폐 여부를 가리기 위해 젖어 있는 상태에서 특정 정보를 삽입하고 말린 후 인쇄를 하여 불빛에 비춰 보았을 때 그림이 보이도록 하는 기술을 말한다. 또 중세기에는 군사적인 목적의 통신문이나 비밀편지에 특수잉크 또는 약품 등을 사용하여 받는 쪽에서 특별한 처리를 해야만 볼 수 있도록 하였다. 또한 미술작품이나 책의 저자 또는 저작권을 갖고 있는 사람이 자신의 것이라는 것을 표시하기 위해 특별한 방식으로만 볼 수 있도록 실제 작품에 표시해두는 기술로도 사용하였다. 이때 삽입되는 저작권, 소유정보나 원본 여부를 확인할 수 있도록 숨겨놓은 데이터, 사용권한을 부여받은 사용자의 ID 등의 식별정보를 워터마크라 한다.

최근 컴퓨터와 네트워크의 발달과 함께 디지털 그림이나 음악, 비디오 등 디지털 콘텐츠의 불법적인 복제나 유통으로 인한 지적재산권문제가 크게 대두되고 있다. 디지털 콘텐츠의 불법복제와 유통은 저작자의 창작의욕을 상실시키며, 심각한 경제적 손실을 입히게 되는 매우 중요한 문제다. 따라서 소유권자의 동의가 없는 불법적 복제를 방지하고 소유권을 효과적으로 보호하기 위한 저작권 보호 기술이 요구되고 있다.

디지털 데이터를 보호하기 위한 기술로 암호화 기법이나 방화벽을 이용한 접근제어 기술이 많이 발전해 왔지만, 한 번 암호가 풀린 디지털 콘텐츠는 불법적으로 복사되고 배포될 수 있다. 또 접근이 허가된 사용자에 의해서도 디지털 콘텐츠는 악용될 수도 있다. 그러므로 최근 급속히 발전하고 있는 콘텐츠 시장과 전자상거래 등에서 이러한 기술을 이용하여 저작권과 소유권을 효과적으로 보호하기에 많은 어려움이 있다.

따라서 최근에는 디지털 콘텐츠 자체에 소유권 정보를 삽입하여 불법적인 복제나 배포를 막고, 효율적으로 저작권을 보호를 위한 기술인 디지털 워터마킹에 관심이 집중되고 있다.

디지털 워터마킹 기법은 저작권을 보호하기 위하여 고전적인 워터마킹의 개념을 그대로 디지털 데이터에 적용한 것이다. 최근에는 단순히 워터마크를 삽입시키는 방법에서 벗어나, 많은 기술적 방법을 이용한 강력한 워터마킹 기술이 연구되고 있다. 또한 암호화 기법과 워터마킹 기술들을 적절히 접목시켜 더욱 견고한 DRM(Digital Rights Management) 시스템도 개발되고 있다.

출처: www.watermarker.net

5. 이러닝 체험하기

다양한 기관들이 무료로 이러닝 콘텐츠들을 제공하고 있다. 이 가운데 대학생들이 유용하게 활용할 수 있는 몇 개의 사이트를 소개하면 다음과 같다.

☑ e러닝인력개발원

e러닝인력개발원(http://www.kendi.or.kr)은 한국U러닝연합회가 설립한 실무 중심 e러닝 전문 양성기관이다. 현재 e러닝 기본 및 보수과정, e러닝 실무전문가 과정, 스토리텔링전문가 과정, 지식디자이너 양성 블랜디드 과정 외 e러닝 전문인력 양성에 필요한 커리큘럼을 개발하여 운영하고 있다. 이 사이트에서는 이러닝을 효과적으로 학습하는 데 필요한 전략을 배울 수 있는 '효과적인 사이버 학습방법 및 전략' 과정을 무료로 체험해 볼 수 있다.

[그림 3] e러닝인력개발원 홈페이지

한국산업인력공단 학습미디어센터

한국산업인력공단 학습미디어센터(www.hrdm.or.kr)는 지식정보사회에서 근로자들의 직무능력 향상과 국민들의 평생능력 개발을 위해 다양한 이러닝 콘텐츠를 무료로 제공하고 있다. 콘텐츠는 서비스, 사무관리, 전문사무, 기계관리, 정보통신 영역으로 구분할 수 있으며, 이 가운데 셀프리더십, 셀프마케팅, 생애설계, 자기관리 등 대학생들에게 유익한 과정들도 다수 포함되어 있다.

[그림 4] 한국산업인력공단 학습미디어센터의 과정안내 화면

EBS

EBS(www.ebs.co.kr)는 풍부한 방송 콘텐츠를 기반으로 VOD 방식으로 서비스를 제공하고 있다. 유아, 어린이, 청소년, 외국어, 직업, 교양/문화 등 다양한 콘텐츠를 제공하고 있으며, 수능 강의를 제공하는 EBSi, 외국어를 전문으로 하는 EBSlang, 영어 콘텐츠를 특성화한 EBSe 등의 사이트를 운영하고 있다.

[그림 5] EBS 외국어센터의 과정 안내 화면

☑ 배움나라

배움나라(www.estudy.or.kr)는 전 국민의 정보이용능력 향상을 위하여 정보통신부와 한국정보문화진흥원에서 운영하는 무료 온라인 교육시스템이다. 배움나라 사이트에서는 정보화 기초 및 활용 과정, 자격증 과정, 계층별 과정, 시 · 청각 장애인교

[그림 6] 배움나라의 공개강좌 화면

육 등 다양한 교육과정을 제공하고 있으며, 과정별 정원제 실시 및 매월 초 수강신청 즉시 학습, 교육과정별 전담 튜터를 통한 진도관리 및 질의응답 등 철저한 학습관리를 통해 양질의 교육 서비스를 제공하고 있다. 특히 '공개강좌'는 문제해결식 강좌로 별도의 수강신청 없이 언제든지 필요한 부분의 학습이 가능하도록 설계되어 있다.

✓ 평가하기

앞에서 안내된 사이트를 방문하여 콘텐츠를 체험해 보고 다음의 준거에 따라 각각의 콘텐츠를 평가해 보자.

- 본 과정은 학습자에 대한 정확한 분석과 선수지식을 파악하여 제작되었는가?
- 본 학습 콘텐츠는 프로그램의 목적과 학습자 특성에 적절한 설계전략을 사용하였는가?
- 본 과정의 학습 콘텐츠는 프로그램의 목적과 특성에 맞는 매체(이미지, 동영상, 텍스트 등)를 선정하였는가?
- 본 과정의 학습 콘텐츠는 학습자에게 주도권을 부여하고 능동적 참여를 유도하고 있는가?
- 본 과정의 학습 콘텐츠는 각종 메뉴, 버튼, 아이콘의 의미가 쉽고 명확하고, 일관되게 제시되어 있으며, 각종 그래픽과 텍스트의 배치 및 구성이 보기 좋은가?
- 학습내용은 목표에 맞게 구성되어 있는가?
- 학습내용의 난이도는 적절하며 보충 심화내용이 제시되어 있는가?
- 학습내용이 적절하게 배분되어 1학기와 1차시에 적합한 양의 내용이 제시되고 있는가?
- 교과의 내용은 최신의 내용을 포함하는가?

[총평]

____

____

____

참고문헌

강상대(2006). Learning Tips (6): A+ 노트 필기법. 단국대학교 교수학습개발센터.

고봉익(2006). 최고의 학습전략 플래닝. 씨앗을 뿌리는 사람.

김경인 역(2005). 시간관리의 기술. 시아출판사.

김경희(1998). 열린사회를 위한 자기주도적 학습. 교육월보 201, 32-35.

김광수 외 4인(2003). 대학생과 리더십. 학지사.

김기정(1999). 대학에서의 효과적인 학습기술. 동문사.

김동섭 외(1994). 학습전략, 이렇게 세워라. 미담.

김동환(2003). 다니엘 학습법. 규장.

김만권 외(2001). U & I 학습유형검사. 연우심리연구소.

김봉환, 김병석, 정철영(2006). 학교진로상담(2판). 학지사.

김석수(2006). 좋은 리포트 어떻게 쓸 것인가? 경북대학교 교수학습센터 공부법 특강 시리즈 자료집.

김송은(2006). 공부 잘하고 싶으면 혼자서 공부해라. 한스미디어.

김영순(2004). 나를 변화시킨 이런 세상, e-learning 이야기. 크레듀.

김영채(1998). 사고력: 이론, 개발과 수업. 교육과학사.

김욱 역(2000). Campus Life. 윤북클럽.

김원(2002). 성공적인 대학원 생활과 프로의 길. 생능출판사.

김은영(2006). 대학생 동기조절 훈련 프로그램의 개발 및 효과. 서울여자대학교 대학원 박사학위논문.

김은정(2007) 효과적인 프레젠테이션 워크숍 자료집. 서울대학교 교수학습개발센터.

김정선 역(2004). 시험에 강한 공부방법. 지상사.

김정호(2005). 스트레스는 나의 스승이다. 아름다운 인연.

김종래(2002). CEO 칭기스칸. 삼성경제연구소.

김주영(2003). 공부기술 업그레이드. 글로세움.

김지자 외(1996). 초등학교 교사를 위한 자기주도학습 준비도 측정도구의 개발과 활용방안. 사회교육학연구, 2(1), 1-25.

김현수 역(2000). 인터넷 중독증. 나눔의집.

김형순(2006). 영어논문작성법 워크숍 자료집. 서울대학교 교수학습개발센터.

김혜숙 외 5인(2002). 인간관계론. 양서원.

김효숙(2004). Teaching Tips (1): 동기를 유발하는 가르침. 장신대 교수학습개발원.

문단영(2003). 말 못하는 영어는 가짜 영어다. 중앙 M&B.

민경배(2005). 영상학습 혁명. 예문.

박문태 외 5인(2004). 건강한 인간관계. 울산대학교 출판부.
박미애(2002). 이러닝 세상의 오아시스를 찾아라. 마이크로소프트웨어, 2002년 9월호, 204-216.
박용헌(1988). 성취인의 심리. 배영사.
백영균(1999). 웹 기반 수업의 설계. 양서원.
변광호, 장현갑(2005). 스트레스와 심신의학. 학지사.
변영계, 강태용(2003). 학습기술: 공부를 잘하는 방법. 학지사.
설기문(2002). 인간관계와 정신건강. 학지사.
설지인 외(2003). 공부가 된다. 북하우스.
손연아(2006). 대학신입생을 위한 A+ 학습전략. 단국대학교 교수학습개발센터.
______(2007). 성공적인 대학생활을 위한 학습 길잡이. 단국대학교 교육개발인증원.
송재희(2003). 몸이 즐거운 학습법. 숨비소리.
신종호 역(2004). 성공적인 대학생활: 학습과 시험전략. 시그마프레스.
안미란 역(2005). 전략적 공부기술. 들녘미디어.
양창삼(2005). 인간관계의 이해. 창지사.
양혜경, 이경순(2004). 이러닝의 이해. KERIS 이슈리포트, 04-01.
연세대학교 출판부(2001). 보람 있는 대학생활. 연세대학교출판부.
원동연(2003). 5차원 전면교육 학습법. 김영사.
유대식(2004). 영어논문작성법 워크숍 자료집. 서울대학교 교수학습개발센터.
유성은(2006). 시간관리와 자아실현. 중앙경제평론사.
유영만(2002). e세상 e러닝. 한언.
유평준(2003). 원격교육에서 운영의 중요성과 교수자, 운영자, 학습자의 역할에 대한 논의. 원격교육연구, 3(1), 161-178.
이동재(2003). 우리가 공부를 잘할 수 있는 30가지 방법. 우리문화사.
이석열(2001). 봉사활동 형태에 따른 대학 사회봉사 활동 실태 연구. 교육발전논총, 22(2), 119-140.
이원범 외(2002). 공부가 쉬워지는 오행학습법. 김영사.
이은성(2003). 생 공부비법. 가림출판사.
이은화(2006). 시험치기전략. 부산대학교 교수학습지원센터.
______(2007). 리포트작성전략. 부산대학교 교수학습지원센터.
이인숙(2002). 이러닝: 사이버공간의 새로운 패러다임. 문음사.
이현우, 장경숙, 홍영기(2001). 성공적인 대학생활의 길라잡이. 한국문화사.
임성룡(2003). 시스템 학습법. 참벗.
임철일(2003). 원격교육과 사이버교육 활용의 이해. 교육과학사.
전명남(2004). 학습전략 업그레이드. 연세대학교 출판부.
전성연, 최병연 공역(2006). 학습동기. 학지사.

정혜선(2003). 효과적인 프레젠테이션 워크숍 자료집. 서울대학교 교수학습개발센터.

______(2005). 강사, 퍼실리테이터로 거듭나라. 시그마프레스.

조승연(2003). 공부기술. 중앙 M&B.

조용개(2006). 학습동기 유발을 위한 Excellent Teaching Guide 74. 순천향대학교.

______(2007). A+ 시험관리전략 워크숍 자료집. 강원대학교 교수학습개발원.

차갑부(1997). 열린사회의 평생교육. 양서원.

차윤정(2007). 인문사회계열 대학원생을 위한 논문작성법 워크숍 자료집. 부산대학교 교수학습지원센터.

최세민 역(2004). 유쾌한 스트레스. 예민.

최애경(2006). 성공적인 커리어를 위한 인간관계의 이해와 실천. 청람.

최정원, 이영호(2006). 학습동기 향상 전략. 학지사.

____________(2006). 학습치료 프로그램. 학지사.

콘텐츠미디어(2003). e러닝 지도실무. 콘텐츠미디어.

포항공과대학교 대학교육개발센터(2001). 학습안내서(1권: 수업 · 자기계발). 도서출판 세림기획.

한순미 역(2003). 학습의 기술-대학에서의 공부전략. 학지사.

한혜민(2002). 천재는 없다. 행복한 책읽기.

황병철(2003). 자기만의 공부법을 터득하라. 도원미디어.

Browne, M. N., & Keeley, S. (2001). *Asking the right questions: A guide to critical thinking* (6th ed.). Upper Saddle River, NJ: Prentice-Hall.

Christina, L., & Daphne, P. (2003). *The write right guide*. 싱가포르 국립대학 출판 5th edition.

Eileen T. (2002). *The Student's Guide to exam success*. PA: Open University Press.

Felder, R. M. (1993). Reaching the Second Tier: Learning and Teaching Styles in College Science Education. *Journal of College Science Teaching, 23,* 286-290.

Guglielmino, P. J., & Guglielmino, L. M. (1992). "The Self-directed learner: a valued human resource of the 21st. Century" *Sundridge Park Management Review, 5*(4), 32-39.

Jeremy C. (1998). *Effective Presentations*. Oxford University Press.

Karen K. (1997). *How to give a terrific presentation*. American management Association.

Phil R. (2002). *How to get a good degree*. PA: Open University Press.

Rakes, G. C. (1996). Using the internet as a tool in a resource-based learning environment. *Educational Technology, 36*(5), 52-56.

참고자료

강원대학교 교수학습개발원(2007). 새내기 학습 길잡이.
계명대학교 교수학습지원센터(2005). Campus Life.
남서울대학교 교육개발센터(2006). 겨울방학 알차게 보내기.
단국대학교 교수학습개발센터(2005). 학습 업그레이드 가이드북.
단국대학교 교수학습개발센터(2005). Learing Tips: A+ 보고서 작성하기.
서강대학교 교수학습센터(2007). 성공적인 대학생활을 위한 학습법 가이드북.
서울대학교 교수학습개발센터(2004). 영어논문작성법.
서울대학교 교수학습개발센터(2005). 학습법 가이드.
서울대학교 교수학습개발센터(2006). 영어논문작성법.
서울여자대학교 교수학습지원실(2004). Learning Tips-주의집중력 향상시키는 법.
서울여자대학교 교수학습지원실(2006). Learning Tips-학습동기관리.
순천향대학교 교수학습개발센터(2004). 성공적인 학습전략을 위한 Learning Tips.
순천향대학교 교수학습개발센터(2005). 리포트 작성하기.
순천향대학교 교수학습개발센터(2005). A+ Learning Point Calendar.
순천향대학교 교수학습개발센터(2006). Excellent Learning Calendar.
연세대학교 교육개발센터(2005). Learning Tips.
영산대학교 교육개발센터(2006). Learning Tips.
이화여자대학교 교수학습센터(2006). 신입생 학습 가이드.
이화여자대학교 교수학습센터(2004). ECTL 학습자 가이드북.
인제대학교 교수학습개발센터(2005). 효과적인 학습을 위한 Tips.
포항공과대학교 대학교육개발센터(2001). 학습 안내서.
한림대학교 교육개발센터(2005). 교수-학습 가이드북 I, e-Learning 전략 속으로.
한림대학교 교육개발센터(2006). 교수-학습 가이드북 Ⅲ, 학습전략의 노하우.
문화일보(2007. 4. 7.). '디지털 증후군'… 24시간 로그인 '중독'에 빨리빨리 '조급증.'
문화일보(2007. 1. 29.). '실패에 대한 변명은 패자의 습관'.

참고 사이트

〈국내 참고 CTL〉
강원대학교 교수학습개발원 http://itl.kangwon.ac.kr
건국대학교 교수학습지원센터 http://ctl.konkuk.ac.kr

경희대학교 교수학습지원센터 http://ctl.khu.ac.kr
국민대학교 교수학습지원센터 http://ctl.kookmin.ac.kr
남서울대학교 교육개발센터 http://ctl.nsu.ac.kr
단국대학교 교육개발인증원 http://daced.dankook.ac.kr
목포대학교 교수학습지원센터 http://ctl.mokpo.ac.kr
서강대학교 교수학습센터 http://sgctl.sogang.ac.kr
서울대학교 교수학습개발센터 http://ctl.snu.ac.kr
순천향대학교 교수학습개발센터 http://hompy.sch.ac.kr/ctl
연세대학교 교육개발센터 http://www2.yonsei.ac.kr/ctl
이화여자대학교 교수학습센터 http://ewha.bizkr.co.kr
조선대학교 교수학습센터 http://ctl.chosun.ac.kr
한서대학교 교수학습개발센터 http://www.hsctl.or.kr

〈외국 참고 CTL〉
http://cstl.syr.edu
http://bokcenter.fas.harvard.edu/icb/icb.do
http://ctl.stanford.edu
http://web.mit.edu/tll
http://web.princeton.edu/sites/mcgraw
http://www.uic.edu/depts/counselctr/ace/practic1.htm

〈기타 참고 사이트〉
e러닝인력개발원 www.kendi.or.kr
EBS 교육방송 www.ebs.co.kr
겟티이미지 www.gettyimages.com
곰스쿨 www.gomschool.com
네이버 사전 http://terms.naver.com/item.php?d1id=7&docid=591
산업인력공단 학습미디어센터 www.hrdm.or.kr
크리스탈그래픽스 www.crystalpraphics.com
파워포인트백그라운즈 www.powerpointbackgrounds.com
파워피티 www.powerpt.co.kr
프레젠테이션스닷컴 www.presentaions.com
프레젠테이션온라인 www.presentersonline.com
프레젠테이션프로 www.presentaionpro.com
피티라인 www.ptline.com

한국방송통신대학교 http://ecampus.knou.ac.kr

한국정보문화진흥원 인터넷중독상담센터 www.iapc.or.kr

Center for Internet Addiction www.netaddiction.com

http://www.collegeboard.com/student/plan/college-success/index.htlm

http://www.dictionary.com

http://www.writingcommission.org

Klaus-Peter Wild 교수의 홈페이지 http://www-campus.uni-r.de/edul/index.php?option=com_frontpage&Itemid=1

Study Guides and Strategies http://www.studygs.net

집필자 소개

■ 조용개

경북대학교 대학원 박사(교육공학)
대구가톨릭대학교 대학원 박사(환경철학)
전) University of North Texas 객원연구원
  순천향대학교 교수학습개발원 전임연구원
  강원대학교 교수학습개발원 전임연구원
현) 대구가톨릭대학교 교수학습개발센터 연구교수
  한국환경교육학회 이사
〈주요 저서 및 논문〉
대학교육의 새로운 도전: 교육과정 및 수업혁신
학습동기유발을 위한 Teaching Guide 74
학습전략 교육과정 개발 및 운영
대학교육에서의 티칭 포트폴리오 개발 및 적용에 관한 연구 등

■ 손연아

단국대학교 대학원 박사(과학교육)
전) University of Hawaii, CRDG(Curriculum Research & Development Group), Post-Doc.
  한국교육개발원 교육기관평가연구실 부연구위원
  한국교원대학교 과학교육연구소 학술연구교수
  단국대학교 교육개발인증원 연구교수
현) 단국대학교 사범대학 과학교육과 조교수
  한국생물교육학회/한국환경교육학회 이사
〈주요 저서 및 논문〉
성공적인 대학생활을 위한 학습길잡이(Guidelines for Learning)
단국대학교 전공교육인증 기준 및 척도 연구 개발
학교 교육개혁 지원을 위한 학교컨설팅 연구 개발 등

■ 이석열

충남대학교 대학원 박사(교육행정)
전) 한국대학교육협의회 선임연구원
현) 남서울대학교 교양과정부 교수
  남서울대학교 교육개발센터 소장
〈주요 저서 및 논문〉
교육행정 및 교육경영
수업관찰과 분석
산업대학에서 멘토링 프로그램의 개발과 적용을 통한 수업효과성 분석 연구 등

■ 이은화

부산대학교 대학원 박사(교육과정 및 교육방법)
전) 부산대학교, 부산교육대학교 시간강사
  부산대학교 교수학습지원센터 전임연구원
현) 부산대학교 교수학습지원센터 연구교수
  대학교육개발전문가협의회 부회장
〈주요 저서 및 논문〉
교과의 통합적 운영
프로젝트 학습의 운영
대학교육과정의 구조적 특성에 관한 연구 등

이희원

서울대학교 대학원 박사(생물교육)
전) 한국과학기술원 유전공학센터 연구원
현) 서울대학교 교수학습개발센터 연구교수
한국생물교육학회 이사
〈주요 저서 및 논문〉
과학교사의 가르치는 능력에 관한 평가준거 개발
학습법 웹컨텐츠 개발 연구
성공적인 대학생활을 위한 가이드-learn how to learn 1, 2 등

장상필

한양대학교 대학원 박사(교육공학)
전) 한림대학교 교육개발센터 연구교수
한국이러닝기업연합회 사무국장
현) 숙명여자대학교 원격교육대학원 겸임교수
한국정보교육학회 이사
〈주요 저서 및 논문〉
교수설계이론의 탐구
평생학습 활성화를 위한 이러닝 참여실태 분석
블로그 활용 수업의 이론과 실제 등

전명남

경북대학교 대학원 박사(학습)
Harvard University의 Study Skills 과정 수료
전) 연세대학교 교육개발센터 학습지원부장
계명대학교 교수학습지원센터 초빙교수
현) 한국교육심리학회 이사
〈주요 저서 및 논문〉
학습전략 업그레이드
토의식 교수법, 토론식 학습법
Jung의 심리적 기능에 기초한 교수스타일 구분과 그 적용가능성에 대한 탐색적 연구 등

『성공적인 대학생활을 위한 학습전략』과 『성공적인 대학생활을 위한 학습전략 포트폴리오』의
공식 카페 주소는 http://cafe.daum.net/APlusLearning입니다.
좀 더 나은 교재나 포트폴리오를 위해 제안하시거나 건의하실 내용이 있으시면
언제든지 방문해 주십시오.

성공적인 대학생활을 위한 학습전략 포트폴리오

2007년 8월 31일 1판 1쇄 발행
2014년 8월 20일 1판 8쇄 발행

지은이 • 조용개 손연아 이석열 이은화 이희원 장상필 전명남
펴낸이 • 김 진 환
펴낸곳 • (주) 학지사
121-838 서울특별시 마포구 양화로 15길 20 마인드월드빌딩 5층
대표전화 • 02) 330-5114 팩스 • 02) 324-2345
등록번호 • 제313-2006-000265호

홈페이지 • http://www.hakjisa.co.kr
커뮤니티 • http://cafe.naver.com/hakjisa

ISBN 978-89-5891-503-4 94370
ISBN 978-89-5891-501-0 (전 2권)

정가 6,000원

본서는 대학생들의 학습능력 향상에 도움을 주고자 정가를 낮추었습니다.

저자와의 협약으로 인지는 생략합니다.
파본은 구입처에서 교환하여 드립니다.